완벽한 보고의 기술

모든 상황, 모든 채널을 아우르는 완벽한
보고가 업무를 완성한다!

완벽한
보고의 기술

김용무 박준서 지음

팜파스

— 프롤로그

보고를 못하면 모든 것이 힘들다

보고의 중요성을 생각하면 떠오르는 한 장면이 있다.

서울 근교에 위치한 공군 방공포병 부대. 이 부대에 장군의 방문이 며칠 뒤로 예정되었다. 언제나 그렇듯 윗사람 방문 대비는 부대 환경 정비부터 시작한다. 그래서 K 중대장은 주말에 부대 전체 페인트 작업을 진행해야 했다. K 중대장은 부대 내무반에 도색을 지시했는데, 색은 2가지로 하늘색과 흰색이었다. 이때 내무반장이 찾아왔다.

"중대장님, 하늘색을 위에 칠할까요, 아니면 흰색을 위에 칠할까요?

'당연히 차가운 색이 아래겠지!'라는 생각으로 단호하게 지시했다.

"당연히 하늘색이 아래지! 그렇게 해."

작업이 80% 정도 완료된 상황. 그런데 마음이 찝찝했다. 그래서 본부 장교에게 전화해서 본부는 색이 어떻게 칠해져 있는지 확인했다. 그런데 아뿔싸. 본부는 흰색이 아래였다.

'세상에, 어떻게 흰색을 아래 칠하는 거야? 때 타잖아! 군인들 전투화 때문에 흰색은 금방 지저분해지잖아. 누가 그렇게 생각 없이 칠한 거야! 차가운 색이 당연히 아래지'라는 생각으로 현실을 부인하고, 또 부인했다. 그런데 여기는 군대였다. 상관이 하라면 해야 되는, 본부와 비록 거리상 멀리 떨어져 있어도 하나하나 다 맞춰야 하는 조직이었다.

까칠하고 성격이 불같은 상관의 얼굴이 머리를 짓눌렀다. '이걸 어쩌지?'라는 생각으로 짧은 머리를 쥐어뜯으며 한참을 고민했다. 상관에게 전화로 보고해서 설득해야 하나? 아니면, 다른 방법을 써야 하나….

한참을 고민하다 전 부대원을 불렀다.

그러고는 "색을 바꿔 칠한다"라고 비장하게 지시했다. 토요일, 꿀 같은 휴일을 반납하고 페인트 작업을 한 병사들의 얼굴이 흙색이 되었지만, 그들도 역시 어쩔 수 없었다. 여긴 군대니까.

병사들에게 피자 10판을 돌렸지만, 주말 내내 부대원들의 원성이 하늘에 사무친 것은 뻔한 일이다. 그런데 며칠 뒤 이 일을 알게 된 상관이 비웃듯이 말한다.

"흰색이 위에 있어도 괜찮았을 것 같은데, 주말에 병사들 고생시켰네."

군대에는 이런 말이 있다.

"무능한 지휘관은 적보다 더 무섭다."

여기에 나오는 적보다 더 무서운 K 중대장은 학사 장교로 군생활을 했던 나 자신이다. 20년도 더 된 일이지만, 그때 일을 생각하면 아직도 얼굴이 화끈거린다. 이 짧은 일화에는 보고를 제대로 하지 않고 일을 진행시킨 사람의 모습이 담겨 있다.

첫째, 일의 초반에 지시를 제대로 확인하지 못했다. 일을 시작하며 일의 방향성을 제대로 보고했다면, 그리고 일의 지침까지 상사에게 확인했다면 이런 일은 발생하지 않았을 것이다.

둘째, 일의 중간에 사고가 터졌을 때 상사에게 문제 보고를 하지 못했다. 질책을 받고 싶지 않다는 생각에 문제 상황을 보고하지 않고 편한 방향으로 수습하려 했다.

셋째, 일의 마지막 상황이다. 늦었지만 잘못된 사항과 수습한 내용을 보고하지 못했다. 보고하지 않으면 상사는 모를 거라고 생각했는데, 상사에게는 솔직하지 못한 부하로, 부하들을 말 그대로 '삽질'하게 만드는 무능한 장교로 낙인찍히게 되었다.

일의 방향을 제대로 잡고 문제를 최소화할 수 있는 기회가 3번이나 있었다. 하지만 보고를 제대로 하지 못해 그 기회를 제대로 살리지 못했다. 그래서 윗사람들의 눈에 무능한 부하 장교로 낙인찍히게 되었다. 동시에 믿고 따라주는 부하들이 주말을 반납하고 노력한 것을 제대로 인정도 못 받게 한 마음 아픈 일을 겪게 되었다.

이때의 경험은 나로 하여금 '보고 능력'의 중요성을 깨닫게 했다. 단지 공부를 잘했다고 해서 일을 잘하는 것이 아니라는 점, 보고를 못 하면 나 스스로에 대한 평가를 제대로 받지 못할뿐더러, 나의 조직원들이 힘들어진다는 점, 일을 열심히 하고 심성이 좋은 중대장이라는 것도 보고를 잘하지 못하면 그 가치가 바랜다는 점을 깊이 깨닫게 되었다. 그 이후, 나 스스로 보고에 대한 철저한 공부와 준비를 계속했고 그런 실수를 반복하지 않게 되었다.

현장에서 많은 직장인의 모습을 보면, 나의 군생활에 있었던 실수가 겹쳐지는 안타까운 모습들을 볼 수 있다. 조직 내에서 일은 보고로 완성되는데, 마지막 단계에서 보고가 형편없기에 일 전체의 가치가 저평가되는 사람들을 많이 만나게 된다. 또 조직의 리더가 보고를 제대로 못해서 부하직원들의 수고를 한 번에 헛수고로 만들고(현장의 용어는 쌈싸먹고) 고생시키는 상황을 만나게 된다.

안타까운 점은 그들이 대부분 착한 사람들, 성실한 사람들 그리고 묵묵히 수고하는 사람들이라는 점이다. 상사가 시키는 일을 해내기 위해서 밤늦게까지 일하고, 자신의 일을 제대로 해내기 위해 퇴근 이후에도 고심하는 직장인들이라는 점이다. 그런데 보고 스킬이 없기 때문에 그들의 수고와 노력이 제대로 빛을 발하지 못한다는 것이다. 무엇을 말하고 싶은지 알아듣기 위해 한참을 귀 기울여야 하고, 일의 진행 사항을 물어보면 무슨 말을 하고 있는 것인지 정리하기 어렵고, 말의 핵심을 듣기 위해 계속해서 기다려야 하는 경우가 많았다.

  이 책은 묵묵히 열심히 일하는데 본인의 능력이나 수고를 알아주지 않는 현실에 가슴이 쓰렸던 경험이 있는 사람들을 위한 조언이다. 보고를 배워본 적도 없이 보고를 해야 하는 직장인들을 위한 조언이다. 그리고 중간관리자로서 본인의 일을 좀 더 빛나게 하고, 부하직원의 성과를 더 잘 전달하기 위해 고민하는 사람들을 위한 필살기이다.

  본인 스스로의 모습을 확인하고, 현장의 상황을 대입해보고, 본인의 일과 연계하면서 읽다 보면 당신도 어느새 일잘러의 사고법으로 생각하고, 일잘러의 보고법으로 소통할 수 있게 될 것이다.

 **목차**

프롤로그_ 보고를 못하면 모든 것이 힘들다   005

PART 1
완벽한 보고 : 언택트 업무 현장의 필살기

- 당신의 일이 티가 나지 않는 이유   017
- 어떻게 일하는 모습을 보일 것인가   021
- 보고 잘하는 사람이 빛나는 이유   027
- 나의 보고 수준 진단하기   034
- 1%의 법칙 : 하루에 하나씩 바꾸기   037

PART 2
보고의 기본기를 장착하자

- 적극성이 최고의 능력이다   047
- 상사에 대한 불편한 진실   052
- 적극적인 보고자는 내용의 깊이가 다르다   059
- 상사의 프로파일러가 되면, 보고가 쉬워진다   064
- 상사의 특성을 알고 보고한다   072

- 불같은 상사에게 보고하는 법 078
- 생각이 자꾸 바뀌는 상사에게 보고하는 법 081
- 결정을 못 내리는 상사에게 보고하는 법 084
- 깐깐한 상사에게 보고하는 법 089
- 상사도 다 같은 회사원이다 092
- 보고, 타이밍에 실패하면 쓰레기가 된다 096
- 중간 보고, 상사를 안심시키는 기술 100
- 문제 보고, 능력자는 문제 상황에서 빛이 난다 103
- 변경 사항 보고와 정보 보고, 한끗이 역적과 충신을 가른다 107

PART 3
보고 화법 : 설득력 있게 전달하는 기술

- 큰 그림을 그려줘야 핵심을 놓치지 않는다 115
- EASY : 상대가 쉽게 이해하도록 말하기 122
- 간결하게 말하는 법 : 박 과장의 보고는 왜 빨리 끝날까 127
- 배려 화법 : 언제나 분위기 좋게 말하는 박 과장의 비법 131
- 보고, 자세가 내용보다 크게 들린다 136
- 상사가 갑자기 물어볼 때, 이렇게 말하면 망한다 141
- 상사가 갑자기 물어볼 때, 능력자는 이렇게 말한다 144
- 고수들의 보고법 149
- 실전 보고 연습 155
- 배회 경영 보고 160

PART 4

전략적 이메일 보고,
업무의 성과를 두 배로 남긴다

- 능력자의 이메일 보고는 '적절성'을 고려한다   **167**
- 전략적 이메일은 6요소를 고려한다   **171**
- 수신인 : 누구에게, 어떻게 말하는가   **175**
- 제목 : 상대에게 핵심을 전달하는 한 줄의 가치   **182**
- 도입부 : 이메일 고수는 여기가 다르다   **186**
- 본문 구성 원리 : 한눈에 들어오게 안 돼?   **190**
- 인사말, 추신 : 일에 감성도 담는 법   **195**
- 서명 : 누구냐, 넌?   **201**
- 현장 이메일 컨설팅   **204**

PART 5
완벽한 보고 센스

- SNS 보고 : 센스 있는 자 vs 센스 없는 자 　　　215
- 맘 편하게 퇴근하는 박 과장의 SNS 보고 스킬 　　　219
- 화상 보고, 이것을 놓치면 진짜 '화상'된다 　　　224
- 보고, 1시간만 투자하면 100배 편해지는 앱 활용 　　　229
- 전화 보고, 이렇게 보고하면 상사가 안심한다 　　　236
- 급할 때는 손으로 그려도 충분하다 　　　241
- 상사와의 스몰 토크, 보고에 양념을 더하다 　　　246
- 따뜻한 말 한마디 vs 밉상되는 말 한마디 　　　251

에필로그_ 족쇄에서 열쇠로 　　　256

Reporting Skills

PART 1

완벽한 보고 : 언택트 업무 현장의 필살기

"김 과장, 뭐 한 거야?"

아무리 열심히 일을 했어도, 상사에게 이런 말을 듣는다면 당신의 열심은 가치를 인정받기 힘들다. 안타까운 것은 "뭐 한 거야?"라는 상사의 질문에 대해 '뭐'를 제대로 보여주고 전달하는 사람이 많지 않다는 점이다.
보여주지 못하고 전달하지 못하면 같은 노력을 했음에도 동기나 다른 팀원에 비해 나의 성과가 번번이 빛바랜 모습으로 묻히게 된다.
이런 일이 몇 번 반복되면 더 이상 열정이 생기지 않는다. 인정받는 수준의 일을 하는 것이 아니라, 그냥 주어진 일을 해치우고 밀려오는 과제를 허겁지겁 해내는 수준 낮은 모습에 익숙해지고 만다.

제대로 평가받지 못한다는 생각이 든다면
스스로의 노력이 낭비되고 있다는 것을 느낀다면
그래서 혼나지 않을 정도로 수준 낮게 해치우는 것이 익숙해지고 있다면
'보고 능력'을 점검해야 한다.

〞 당신의 일이
티가 나지 않는 이유

● **하루 종일 바쁘게 움직인 당신, 오늘 뭘 하셨나요?**

기획팀 김 과장은 다른 사람보다 한 시간 먼저 일을 시작한다. 항상 그렇듯 일찍 사무실에 나와서 커피를 마시며 이메일을 확인한다. 중요한 이메일에 회신을 하고, 전달해야 할 사항들을 필요한 사람들에게 전달한다. 아침의 주요 뉴스들을 체크하고 주요 정보 사항들을 확인한다. 신규 서비스 제안을 해달라는 팀장의 지시사항이 이번 주 내내 머리를 짓누른다. 새로 온 본부장은 기존의 틀을 깨는 새로운 접근을 강조하고 있기에 팀장도 이번 제안에 대해 부담감이 큰 것 같다. 오전 내내 신규 서비스 제안과 관련된 정보를 체크하고, 업계 상황을 확인한다.

오후는 팀 회의로 시작된다. 팀에서 준비 중인 전사 워크숍에 대한 내용을 논의하고, 관련 업체들의 제안서를 같이 검토한다.

2시간의 회의를 마친 후 박 대리가 의견을 구하겠다고 다가온다. 워크 스마트에 대한 방법을 팀장이 요청해서 준비 중인데 방향을 잘 못 잡겠다고 해서, 진행 사항을 듣고 관련된 의견을 몇 가지 전달해준다. 하루 종일 열심히 일하고, 이제 퇴근 모드다. 해외 지사에 보내야 할 이메일 2개를 쓰고 내일 계획을 세우고 업무를 정리한다.

지금 보는 김 과장은 일을 성실히 하는 중간관리자의 전형적인 모습이다. 일찍 일을 시작하고, 나름 중요한 것들을 놓치지 않고 잘 챙기고 있다. 그런데 여기서 중요한 질문이 있다.

김 과장이 오늘 한 일의 '성과물'은 무엇일까? 단적으로 팀장이 "김 과장, 오늘 뭐 했어?"라고 묻는다면 무엇을 보고할 수 있을까? 성실히 일한 것도 알고, 열심히 뛰어다닌 것도 알겠는데 뭘 했는가를 물을 때 답을 할 것이 별로 없다는 것, 이것이 지식 근로자의 비애다.

이런 비애는 하루의 업무에만 국한되지 않는다. 주간 업무 보고를 쓰기 위해 한 주의 결과물들을 정리할 때도 쓸 말이 없기는 마찬가지다. 1년 동안 열심히 일했지만, 업무 평가를 위해 주요 성과를 정리할 때도 보고 양식의 칸을 채우기 힘들다. 그것은 많은 지식 근로자가 매년 겪는 슬픔이다.

"뭘 하셨나요?"라는 질문에 대부분의 직장인은 벙어리가 되곤 한다.

● 지식 근로자의 숙명 : 열심히 하는 게 보이지 않는다

업무 현장에서 사무직들, 그리고 생산 현장에서 관리자들은 지식 근로를 한다. 그럼 지식 근로를 잘한다는 게 무슨 의미인지 알아보자. 지식 근로자(Knowledge worker)라는 개념을 정리하고 용어를 처음 사용한 피터 드러커는 "지식 근로자는 스스로 방향을 정해야만 하고 그 방향은 목표 달성(효과성)에 초점을 맞추어야 한다. 따라서 생각하는 것이 곧 그의 일이다"라고 말했다. 그의 말에 의하면 지식 근로자의 일은 '생각'이다.

안타까운 점은 '생각'은 얼마나 열심히 하고 있는지 보이지 않는다는 것이다. 아침에 회사에 와서 치열하게 신사업을 고민하는 김 과장이나, 점심때 뭘 먹을지를 치열하게 고민하는 박 과장의 모습은 같다. 오늘 끝나고 뭐 하고 놀 것인가를 고민하는 사람의 모습과 치열하게 일하고 있는 사람의 모습은 같다. 이처럼 지식 근로자의 일은 '티'가 나지 않는다.

우리가 일한 모든 결과물은 어쩔 수 없이 우리의 보고(보고서 또는 구두 보고)로 전달된다. 그래서 지식 근로자의 보고 능력이 허접하면, 상사가 볼 때 생각이 허접해 보인다. 그리고 지식 근로자의 생각이 허접해 보인다는 것은 일 자체가 허접한 결과로 보인다는 것이다.

비록 아침부터 성실히 일했을지라도 전달하는 보고 능력이 형편없다면, 보고를 준비하는 프로세스에 익숙하지 않다면 당신의 일과 노력이 형편없이 치부된다. 그래서 피터 드러커는 비즈니스맨은 최하위 직급에서 한 단계 오른

후부터 말과 글을 통해 다른 사람과 소통하는 능력, 즉 '보고의 능력'으로 평가된다고 말한다.

당신의 일이 티가 나지 않는 이유는 일을 하지 않아서가 아니라, 당신의 일이 다른 사람들의 눈에 보이지 않기 때문이다.

어떻게 일하는 모습을 보일 것인가

● **노력만 한 것은 일한 것이 아니라고요?**

"일주일 내내 준비한 게 고작 이거야? 지금까지 논 거야?"

허접한 보고를 접한 상사는 이런 말로 우리의 뼈를 때리는 말을 한다. 그리고 일을 하지 않은 것으로 치부한다. 우리는 억울하다. 그런데 일의 정의를 제대로 이해한다면, 그리고 그 관점에서 접근한다면 일을 안 한 게 맞다. 간단한 물리학의 문제를 생각해보자.

김노력 씨는 하루 종일 회사 건물을 밀고 있습니다. 죽을 힘을 다해서 밀었습니다.
김노력 씨는 일을 많이 했을까요?

중학교 물리 문제집에서 풀어봤음직한 문제다. 얼마나 열심히 노력했는가로 생각한다면, 김노력 씨의 노력은 가상하다. 하지만 물리학에서는 일을 하지 않은 것으로 규정한다. 모든 학생의 머리를 지끈지끈하게 만들었던 일의 공식을 생각해보자.

W(일의 양) = F(힘) × 거리(D)

이 공식대로라면 김노력 씨는 하루 종일 어마어마한 힘을 사용했지만, 물체가 이동한 거리가 0이므로 일의 양은 0이 된다. 여기서 우리는 '노력≠일'이라는 점을 이해할 수 있다. 열심히 노력한 것과 일을 잘한 것은 다른 얘기다. 그래서 피터 드러커는 능력에 비해 낮은 수준에 초점을 맞추는 사람은 대부분 '결과'가 아닌 '노력' 자체에 몰두하고 있다고 말한다. 프로의 세계에서는 '노력'을 어필하는 것이 아니라 '결과물'을 보여줘야 한다.

● **업무 현장에서 결과물 공식**

업무 현장의 결과물 공식은 물리학의 정의를 좀 더 확장해서 말해볼 수 있다.

W(일) = A(Accomplishment, 성과) × R(Report, 보고력)

조직에서 일을 했다는 것은 우선 성과(Accomplishment)를 냈다는 것을 말한다. 나의 노력의 결과로 팀이나 회사에 긍정적인 결과를 내는 것이다. 피터 드러커는 이것을 '공헌'이라고 표현한다. 그리고 공헌에 초점을 두고 결과에 대한 책임을 지는 사람은 아무리 하급 관리자라고 하더라도 진정한 톱 매니지먼트라고 인정했다. 즉 우리의 업무는 어떤 긍정적인 결과를 내고 있는가를 전제로 한다.

그리고 일을 잘했다면 그 결과물을 상사나 조직이 인지할 수 있도록 잘 전달(Report)해야 한다. 영업이나 생산처럼 일의 결과물이 숫자로 나오는 것이라면 좋지만, 대부분의 관리직이나 지원부서의 업무는 스스로 빛을 발하지 못한다. 담당자가 일한 결과물은 보고나 보고서를 통해 상사나 부서장에게 전달되어야 한다. 우리의 업무는 그것이 어떤 성과인지, 어떤 의미인지, 어떤 기여를 했는지 상사의 머리에 각인되어야 일로 인정될 수 있다.

내가 얼마나 큰 성과를 냈는지, 내가 한 일이 얼마나 의미가 있는지를 상사가 모른다면, 그것은 일을 한 것이 아니다. 기억하자! 상사가 알지 못한다면 '일을 한 것이 아니다.'

이러한 관점에서 성과와 보고력의 2가지 요소를 기반으로 매트릭스를 만들어본다면, 조직 내에서 일하는 사람의 모습은 4가지 유형으로 정리해볼 수 있다.

유형 1. 성과 없음×보고 잘함 : 빈 수레형(말만 잘해)

⇨ 뭔가 하는 티라도 나는 유형이다. 물론 번지르르한 말 뒤에 나오는 부실

한 결과로 상사의 속을 터지게 할 수 있다. 그래도 답답하지는 않고, 일의 과정이 보이기 때문에 큰 사고를 치지는 않는다. 또한 일의 과정에서 본인의 노력을 어필할 수 있고, 또 다른 기회를 얻을 수 있다.

유형 2. 성과 없음×보고 못함 : 무능형(말도 못해)

⇨ 뭘 하는지 알 수 없다. 회사에 와서 놀고만 가는 것은 아닌지 하는 의구심이 든다. 문제가 생겨도 제대로 알려주지 못하기 때문에 가끔 큰 사고를 치는 유형이다. 상사의 입장에서는 가장 가치를 낮게 평가하게 되는 부하직원 유형이다.

유형 3. 성과 좋음×보고 잘함 : 에이스형/일잘러/능력자(말도 잘해)

⇨ 상사의 '믿을맨'이다. 이런 사람에게는 믿고 일을 맡길 수 있고, 일을 맡기면 일이 된다. 그리고 상사의 입장에서 고민할 상황을 만들지 않는다. 일의 진행 상황을 쉽게 알 수 있고, 문제를 만들지 않는다.

유형 4. 성과 좋음×보고 못함 : 저평가형(일만 열심히 해)

⇨ 열심히 일한다. 꼼꼼히 보면, 나름 괜찮은 결과물을 가지고 온다. 안타까운 점은 그 꼼꼼함과 결과물이 제대로 빛나지 못한다는 것이다. 만약 부하직원들의 상황과 결과에 관심이 많은 상사를 만난다면 중하게 쓰일 수 있다. 그러나 부하직원들을 살피지 않는 상사를 만난다면 다른 사람에게 공이 가로채이는 결과를 맞이할 수 있다. 가장 안타까운 유형이다.

본인의 가치와 노력에 비해 저평가되고 제대로 인정받지 못한다. 또한 노력에 맞는 대우를 요구하기 어렵다.

가장 큰 비극은 이런 저평가형의 사람이 상사가 되었을 때, 그의 부하직원들 역시 저평가될 수 있다는 점이다. 그렇게 되면 조직 전체의 사기가 점점 저하된다(어떤 의미인지는 다음 장에서 살펴보자).

성과를 잘 전달하는 것의 중요함에 대해 뮌헨 비즈니스 스쿨의 교수이자 베스트셀러 작가인 잭 내서(Jack Nasher)는 그의 책 《어떻게 능력을 보여줄 것인가》에서 "당신의 능력은 절대 스스로 빛을 발하지 않기에 당신은 행한 대로 대우받는 것이 아니라, 협상한 대로 대우받는다"고 말한다.

나는 이렇게 말하고 싶다. 당신은 "일한 대로 대우받는 것이 아니라 일의 결과를 '전달'한 대로 대우받는 것이다."

● **일을 두 배 더 잘하는 비법**

앞의 공식에서 놓치지 말아야 할 포인트가 있다. 다시 한번 공식을 살펴보자.

W(일) = A(Accomplishment, 성과) × R(Report, 보고력)

우리의 일을 두 배 더 잘하기 위해서는 어떤 방법이 있을까? 이 공식으로 본다면 눈에 바로 보이는 방법이 있다. 성과(A)를 두 배 높이는 것이다. 안타까운 점은 성과를 두 배 높이는 것은 결코 쉽지 않다는 점이다. 때로는 두 배 이상의 시간이 필요하다. 그리고 정말 많은 노력과 운도 필요하다.

성과를 넘어 또 다른 변수에 집중하면 일(W)을 두 배 높이기 위한 또 하나의 방법이 보인다. 바로 보고력을 두 배 높이는 것이다. 보고력을 두 배 높인다는 것은 일의 가치를 두 배 더 빛나게 하고, 상사가 일의 결과를 더 잘 기억하게 하는 것을 말한다. 나의 상사가 윗분에게 보고할 만한 '보고거리'를 두 배 이상 만들어주는 것을 말한다. 그래서 조직의 경영자들이 나의 일을 기억하게 하는 것, 내가 보고하러 가면 상사가 반기게 하는 것을 말한다. 이것은 충분히 가능하다. 현장에서 묻히는 우리의 일들은 많다. 때문에 보고의 습관, 보고의 마인드를 바꾸면 두 배가 아니라 세 배, 네 배도 가능하다.

나의 업무 가치를 높이기 위해서, 성과를 높이기 위해 노력과 열정은 정말 필요한 필요조건이다. 하지만 동시에 전달력을 높이기 위한 노력과 열정의 투자가 필요하다. 보고력을 높이는 것은 나의 가치를 높여주는, 투자수익률(ROI: Return On Investment)이 가장 좋은 방법이 될 수 있다.

보고 잘하는 사람이
빛나는 이유

보고를 잘하는 사람은 빛난다. 자신의 능력을 빛나는 순간에 더 가치 있게 보여줄 수 있다. 그 이유가 무엇인지 생각해보자.

● **보고를 잘하는 사람은 성과를 빛나게 한다**

보고를 잘하는 사람은 본인의 성과를 더 빛나게 전달한다. 바로 프레임 효과 때문이다. 일반적으로 보고는 말로 전달된다. 그런데 어떤 말을 쓰는가에 따라 상황과 상태가 다르게 느껴진다. 예를 들어보자.

"아침에 먹을 게 과일밖에 없네."
⇨ 아, 듣기만 해도 우울하다.

"아침 식사로 먹을 과일이 있습니다."
⇨ 이 말은 우울감이 아니라 안정감을 준다. 제약 상황이 아닌 객관적인 상황을 쉽게 받아들일 수 있게 한다.

"10월이 되어야 신제품을 보여드릴 수가 있겠는데요."
⇨ 이 말은 다소 늦게 되고 있다는 어감을 담고 있다.

"10월에는 신제품을 보여드릴 수 있습니다."
⇨ 이 말은 결과물, 즉 성과에 초점을 맞추고 자신감이 돋보이는 메시지가 된다.

이러한 효과를 심리학에서는 '프레임 효과'라고 한다. 같은 얘기를 할 때 '물이 반밖에 없습니다'와 '물이 반이나 있습니다'라는 메시지는 다른 심리적 영향을 미친다는 것이다. 중요한 점은 이런 프레임 효과는 상황의 차이가 아니라 '말'을 어떻게 전달하는지와 연결된다는 점이다. 현장의 사례를 생각해 보자.

전사 워크숍을 준비 중인 김 과장이 다가온다.
"팀장님, 이번 행사, 큰일났습니다. 애초에 얘기되었던 ○○○그룹이 못 온다고 합니다. 어쩌죠? 지금 가능한 그룹은 아이돌 그룹 ◇◇◇만 가능하다고 하는데, 애초 비용보다 더 많이 추가될 것 같습니다."

이 말을 듣는 순간 박 팀장의 마음도 어두워진다. 김 과장에게 일을 맡기면 항상 이런 식이다. 허겁지겁 달려와서는 "큰일 났습니다, 망했습니다"와 같은 식이다. 보고받는 내용도 짜증 나는데, 김 과장이 이런 보고를 하면 박 팀장은 더 짜증이 난다. 짜증 유발자 김 과장이다.

지금 김 과장은 말로 자신의 노력과 성과를 다 까먹고 있다. 김 과장 말에 이어지는 박 팀장의 생각을 상상해보자.

"큰일났습니다." ⇨ 뭐가 그리 큰일인데? 나 떨게 하지 마.

"어쩌죠?" ⇨ 그건 김 과장이 생각해와야지!

"비용이 더 많이 추가될 것 같습니다." ⇨ 도대체 얼마나, 얼마면 되겠니?

이런 말을 듣는 팀장의 머릿속에는 실제보다 더 우울한 그림이 그려지고, 분노가 치밀어오른다.

반면 같은 내용에 대해 능력자의 보고를 보자. 같은 상황이지만, 팀장의 모든 불안감을 잠재우고 성과와 결과에 시선을 맞추게 한다.

"팀장님, 이번 워크숍 관련 변경 사항과 좋은 소식이 있어서 보고 드립니다. 애초에 얘기되었던 ○○○그룹이 건강 문제로 행사 참여가 어려워졌습니다. 대신 더 유명한 아이돌 그룹의 섭외가 가능할 것 같습니다. 그렇게 될 경우 아마 젊은 직원들이 너무 좋아 기절할 겁니다. 더 좋은 점은 비용 이슈 관련해서 협의한 결과 귀책 사유가 소속사에 있어서 ○○만 원만 더 지불하면 된다고 합니다. 변경 사항에 대한 책임을 묻고 추후 관계의 연속성을 가지고 협상해서 ○○만 원 이내로 마무리하면 어떨까 합니다. 그럴 경우 비용의 증가분은 행사 예비비 한도 내에서 충당이 가능할 것 같습니다."

같은 내용이지만, 팀장의 마음은 안심이 된다. 같은 일이지만, 말을 어떻게 풀어가는가에 따라 상사의 마음이 달라진다. 이러한 보고는 업무를 바라보는 상사의 프레임을 바꿔주고 보고하는 사람을 더 빛나게 해주는 것이다.

● **보고를 잘하는 사람은 성과가 쉽게 나게 한다**

보고를 잘하는 사람은 업무의 계획과 결과를 상사와 공유한다. 이를 통해 상사의 지원을 더 많이, 더 쉽게 받을 수 있다. 왜 그런지 업무(계획과 결과)와 상사의 인지(알 때 vs 모를 때)의 매트릭스를 살펴보자.

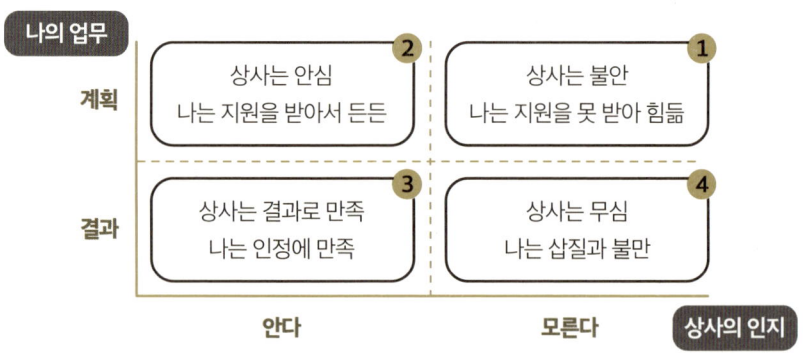

- 계획_ 상사가 모를 경우(1사분면) 부하직원이 뭘 하고 있는지, 뭘 할 건지 이해할 수 없다. 놀고 있는 것은 아닌지 의심의 눈초리로 보게 된다. 조금이라도 한가한 것 같으면 자꾸 일을 시키게 된다.
- 결과_ 상사가 모를 경우(4사분면) 도대체 뭘 했는지 모르기 때문에 부하직원의 업무 가치를 제대로 평가할 수 없다. 상사와 조율되지 않은 상태에서 일을 하기 때문에 삽질의 가능성이 커지고 상사의 입장에서는 생뚱맞은 결과물을 받게 되기도 한다. 부하직원의 입장에서는 제대로 알아봐 주지 않고 도와주지 않는 상사가 섭섭하다.
- 계획_ 상사가 알 경우(2사분면) 상사는 어떤 업무가 어떻게 진행되는지 알고 있기 때문에 불안하지 않다. 또 일이 몰리지 않을 수 있도록 업무를 잘 배분해줄 수 있다. 필요한 조언과 가용한 자원을 지원하고, 응원하게 된다. 정말 중요한 일의 경우는 상사의 윗사람에게도 보고해서, 조직 전체의 지원을 이끌어내주기도 한다.
- 결과_ 상사가 알 경우(3사분면) 상사는 어떤 성과가 났고, 어떤 의미가 있는지를 인지한다. 따라서 만족스럽다. 또한 나는 상사에게 인정받고 일할 수 있기에 뿌듯하고 보람 있다.

이처럼 보고를 잘하는 사람, 자신이 하는 일이 상사의 눈에 보이게 하는 사람은 상사의 응원과 지원을 받을 수 있다. 이에 대해 현장 자기계발 전문가는 이렇게 말했다.

"상사는 스킨 스쿠버형 부하보다는 수영 선수형 부하가 안심되고 믿음이 간다."

나도 그의 생각에 100% 동의한다. 여기에 한마디 덧붙여보자.

"상사는 일이 눈에 보이는 수영 선수형 부하를 응원하고 지원한다!"

● 보고를 잘하는 사람이 이끄는 조직은 신이 난다

보고의 문제는 본인이 부하직원일 때에만 해당되는 것은 아니다. 보고를 못하는 사람이 리더일 경우 그 조직 전체의 성과가 제대로 평가받지 못한다. 리더가 아무리 인품이 좋을지라도 리더가 보고를 잘하지 못해서 조직의 성과가 번번이 무시당하는 것을 보게 된다면 그런 리더 밑에서 열심히 일하기는 힘들다. 옆 본부는 매번 CEO의 전폭적인 지원과 칭찬을 받고 일하는데 우리 조직의 노력을 아무도 알아주지 않는다면 매번 마음을 고쳐먹어도 신나게 일하기는 어렵다. 우리들의 노력과 땀이 조직 내에서 제대로 평가받지 못할 것이라는 생각을 할 때, 일을 대충하게 된다. 어차피 제대로 해도 좋은 평가를 받기는 어렵기 때문이다.

따라서 조직의 리더는 그 조직의 성과를 잘 어필할 수 있어야 한다. 일의 중요성을 잘 전달하고, 그 결과물의 가치를 잘 알려줄 수 있어야 한다. 그래야 부하직원들도 힘이 난다.

세계적인 리더십 전문가인 마셜 골드 스미스는 '일의 의미란 일의 결과에 부여하는 가치'라고 말한다. 따라서 일의 의미를 충만하게 느끼기 위해서는 하고 있는 일의 결과가 중요하다고 믿어야 한다고 말한다. 우리가 일한 결과가 조직으로부터 중요하게 평가받고 인정받을 때, 우리의 일은 의미가 생긴다. 그리고 더 신나게 일할 수 있다.

이런 점에서 보고 능력의 문제는 지금 당장 실무자, 중간관리자로 일하는 기간에만 국한되는 것이 아니다. 리더로 성장해서 하나의 조직을 맡게 되었을 때 조직원들이 제대로 평가받게 해줄 수 있는 능력, 그리고 조직원들이 일을 잘하게 하는 능력과 연결된다.

나의 보고 수준 진단하기

보고 수준의 중요함을 제대로 이해했다면 업무 현장에서 나의 보고 수준은 어떠한지 확인해볼 필요가 있다. 어떤 부분에서 취약하고, 어떤 부분을 잘하고 있는지 스스로 진단해보자. 피터 드러커의 말대로 측정되지 않으면 개선할 수 없기 때문이다.

보고 스킬을 강의하기 위해 국내 여러 대기업의 상사들과 인터뷰를 진행했다. 그리고 이를 통해 '부하직원의 보고 방식'에 대해 상사들이 느끼는 아쉬움을 확인했고, 이를 기반으로 수준 진단 문항을 만들었다. 다음에 제시된 항목을 읽고 스스로 점수를 매겨보자. 점수는 5점 항목(아주 그렇다 5점, 그렇다 4점, 보통이다 3점, 그렇지 않다 2점, 아주 그렇지 않다 1점)이다.

No	문 항	점수 [5점 만점]
1	나는 업무 보고 시 상사의 요구(needs)를 잘 파악하고 준비한다.	
2	나의 보고 타이밍은 적절하다. 상황과 내용에 따라 적절한 타이밍에 보고하고 있으며, 보고 유형에 맞게 중간 보고를 적절하게 한다.	
3	나는 보고 시, 상사의 스타일을 고려하여 상사의 유형에 맞게 전략적으로 보고하는 편이다.	
4	나는 업무 지시를 받을 때에는 적극적으로 내용을 파악하기 위해 노력하는 편이다.	
5	나는 보고할 때 내용을 논리적으로 정리한 이후 말하는 편이다.	
6	상사가 갑자기 묻는 내용에 대해 크게 당황하지 않고 조리 있게 말을 잘하는 편이다.	
7	나는 일반적으로 상사가 묻기 전에 보고하고, 시키지 않아도 상사가 관심 있을 것 같은 자료를 잘 준비한다.	
8	구두 보고 시 말하는 화법이나 속도, 자세 등은 적절하다고 생각된다.	
9	나는 보고 시 일반적으로 결론을 명확하게 말하고, 상사가 30초 안에 보고하라고 지시해도 당황하지 않고 전달할 수 있다.	
10	업무 이메일의 기본적인 요소가 무엇인지 알고, 제목과 도입부를 명확하게 쓸 수 있다.	
11	내 이메일은 상대가 1분 안에 핵심 내용을 놓치지 않고 파악할 수 있다.	
12	나는 다양한 보고 방식(메신저 보고, 구두 보고, 문서 보고)을 상황에 맞게 효과적으로 활용할 수 있다.	

이러한 문항을 가지고 강의 현장에서 평가해보면 재미있는 결과를 보게 된다.

첫째, 상사들이 부하직원에게 주는 점수에 비해 직원들이 스스로에게 상당히 후한 점수를 준다는 점이다. 보통 항목별로 1점 이상의 차이가 난다. 현장에서 상사의 눈높이와 부하직원의 눈높이가 다르다는 점을 알 수 있다.

둘째, 부하직원들이 낮은 점수를 주는 부분들은 대부분 6, 8, 9번으로 보고 시의 자세, 말하는 방법 등이 많다. 그런데 실제로 상사들의 점수를 확인해보면, 보고 내용과 방향성에 대한 항목 1, 4, 5번의 문항에서 낮은 평가를 하고 있다.

수준 높은 보고를 하기 위해 현장에서 본인이 어떤 부분에 취약한지, 어떤 부분을 보완해야 하는지를 상사에게 직·간접적으로 확인해보는 것이 중요하다. 그리고 자신의 취약한 부분들을 보완하는 실제적 방법에 대해 이 책을 통해 확인하고 연습해보자.

1%의 법칙 :
하루에 하나씩 바꾸기

通卽不病 不通卽病(통즉불병 불통즉병)

통하면 병이 아니지만, 통하지 않으면 병이 된다. _《동의보감》

● **이제 '일의 언어'를 배울 때이다!**

"영어 공부 몇 년 하셨나요?"

아마 우리 대부분은 최소 10년 이상 영어 공부를 했을 거다.

"그런데 혹시 영어를 많이 쓰시나요?"

아마도 영어를 일상 업무에서 쓸 일은 그리 많지 않을 것이다. 외국계 회사에서 일하거나, 해외 관련 업무를 하지 않는 이상 업무 현장에서 영어로 말할 일은 그리 많지 않기 때문이다.

그런데도 우리는 영어를 배우고 있고, 매년 새해 목표로 영어 공부를 큼지막하게 써 놓는다. 언젠가는 영어로 유창하게 말할 것을 꿈꾸면서….

그럼, 혹시 "일의 언어는 공부해보셨나요?"

'일의 언어? 뭐 이런 게 있어'라고 생각할 수 있지만 일에도 일의 언어가 있다. 업무에 대해 얘기하고, 회의를 하고, 일의 진행을 보고하고, 지시하는 모든 것은 일의 언어다. 중요한 점은 일상의 언어와 일의 언어가 많이 다르다는 점이다.

일의 언어에 능숙하지 않으면 일의 언어로 말해야 할 때 일상의 언어로 말하게 된다. 일의 언어로 듣고 해석해야 할 때 일상의 메시지로 받아들인다. 그래서 통하지 않고, 그래서 아픈 일들이 많이 생기게 되는 것이다.

● **보고는 '일의 언어'로 말하고 해석하는 것이다**

일상의 언어는 관계를 맺기 위한 말이다. 우리가 평생 가족들이나 친구들과 썼던 대화의 방식이다. 아주 어려서부터 써왔고 오랜 시간 동안 사용해 온 우리의 '일상어'다. 우리가 언급하는 '말'이란 대부분 이런 관계의 언어를 의미하고, 우리는 말을 이렇게 배웠다.

그런데 직장에서는 또 다른 말, 즉 일을 진행시키기 위한 '일의 언어'를 활용한다. 관계지향의 언어처럼 보이지만 실상은 문법이 다르고 용어의 쓰임이 다르다. 그렇다면 어떤 차이가 있을까?

관계의 언어는 사람 사이에 친밀한 관계를 맺는 데 목적이 있다. 함께 즐기는 것이 중요하다. 그래서 '좋다, 싫다'라는 감정적 반응이 중심이 된다. 이럴 때 가장 중요한 능력은 따뜻한 수신이다. 상대의 말을 잘 들어주고, 잘 공감해 주는 능력이 중요하다. 그리고 이러한 관계의 언어는 일상에서 주로 사용하게 된다. 반면 일의 언어는 성과를 달성하는 것이 목적이다. 빨리 정보를 공유하고, 일의 방향을 맞추고, 일을 진행시키는 것이 목적이다. 그래서 일의 언어 핵심 능력은 명확한 발신이다. 말하는 사람이 제대로 말을 해야 듣는 사람이 어느 정도 방향을 이해하게 된다. 보통 업무 중심으로 소통이 이뤄지는 조직 내에서 상사와 부하직원, 그리고 동료 사이에서 사용하게 된다.

여기서 중요한 점은 일반적으로 관계의 언어는 따뜻한 수신이 중요하다는 것이다. 말하는 사람의 감정을 잘 헤아리고, 잘 들어주는 것이 중요하다. 이해가 안 돼도, 말이 자꾸 반복되어도 인내심을 갖고 들어주는 게 고수다.

"야! 좀 논리적으로 얘기해!" "결론부터 말해" "단어 좀 정확하게 써! 그게 어법이 맞아?"라고 다그치면 친구 관계나 가족 관계가 깨지기 십상이고, 그러한 관계에서 외면당할 수 있다. 우리는 누구도 편한 관계에서 논리적으로 말하기 위해 에너지를 쓰고 싶어 하지 않는다.

반면에 일의 언어는 명확한 발신이 중요하다. 수신자도 똑바로 알아들을 의무가 있지만 말을 하는 사람이 제대로 말해야 할 책임이 훨씬 더 크다.

"내가 대충 말해도 당신은 제대로 알아듣고 제대로 된 결과물을 가지고와!" "인내심을 가지고 내 말을 끝까지 들으라고!"라는 식으로 말하는 것은 정확성이 필수인 일터에서는 무례하기 짝이 없는 모습이다.

그래서 일의 언어에서는 특별히 말을 하는 사람의 기술과 능력이 중요하다. 관계어와는 다른 화법, 다른 문법을 배워야 하는 이유가 여기에 있다. 우리가 보고를 못한다면, 일의 언어를 제대로 말하지 못하기 때문이다. 즉 일의 언어를 제대로 활용하지 못하기 때문이다.

● **보고의 방식, 일의 언어를 배우는 법**

나는 언어에 관심이 많다. 그래서 듀오링고라는 앱을 활용하여 여러 언어를 배우고 있다(언어 공부를 일상에서 쉽게 하고 싶은 이들에게 추천한다). 이 앱을 실행할 때마다 나오는 메시지들이 있는데, 그중에서 가장 좋아하는 말이 있다.

"It's about progress, not perfection. Keep going!"
(완벽함이 아니라 성장입니다. 계속해 나가세요!)

완벽하지 못할지라도 계속 해나간다면 성장하고 발전할 수 있다는 것이다. 이 말은 보고를 잘하기 위해, 일의 언어를 배우는 비법을 알려준다.

첫째, 일의 언어는 완벽함이 아니라 성장이다.

일을 시작하기 전에, 보고하기 전에, 타 부서와 업무 협의를 하기 전에 이 책의 Tip들을 5분씩 공부해보고, 완벽하지는 않지만 성장해가자. 처음부터 완벽하지는 않지만, 점점 더 일이 진행되게 말하고, 일을 잘 정리하는 자신의 모습을 볼 수 있을 것이다.

둘째, 현장에서 연습하고, 현장에서 성장한다.

일의 언어를 배우기에 가장 좋은 자리는 오늘의 일터다. 그리고 오늘도 당신의 주변에는 일의 언어로 소통해야 할 많은 사람과 풍부한 이슈가 있다. 당신의 언어를 업그레이드하자! 일이 점점 편해질 것이다.

이제, 일의 언어를 배워서 보고의 수준을 높이고, 당신의 일을 빛나게 하자.

Reporting Skills

PART 2

보고의 기본기를 장착하자

보고 지시 또는 감독하는 자에게 주어진 일의 내용이나 결과 따위를 말이나 글로 알림
_고려대학교 한국어 대사전

현장의 모습을 가장 잘 반영한 보고의 정의라고 할 수 있다. 여기서는 크게 3가지의 핵심 요소가 있다.

보고 내용 첫 번째로 '주어진 일의 내용이나 결과'라는 단어에서 '보고의 내용'을 뽑아낼 수 있다. 보고의 내용은 철저히 일, 업무와 관련된다. 일반적으로 사적인 내용을 중심으로 소통한다면 더 넓은 의미를 포함하는 대화라는 용어를 사용한다. 보고라고 정의한다면 그 내용이 업무와 관련되는 것으로 이해될 수 있다.

보고받는 자 두 번째로 '지시 또는 감독하는 자'라는 보고의 대상을 말한다. 보고는 보고를 받는 이가 있다. 흔히 '수보자'라고 말하는 사람은 우리의 보고를 받는 사람이다. 위치는 일반적으로 보고를 받는 사람이 보고하는 사람보다 높다. 높은 사람이 낮은 사람에게 내용을 전달하는 것을 우리는 통보 또는 지시라고 한다.

보고 방식 세 번째로는 '말'이나 '글'로 알린다는 보고 방식이다. 우리가 보고 내용을 전달하는 채널은 크게 말이나 글이 된다. 최근에는 대면 보고 이외에도 통화, 화상 통화, 메신저 등을 통한 보고가 사용되기도 한다. 범위가 확장될지라도 모든 방식은 말이나 글의 영역에 포함된다.

보고라는 일의 언어를 능통하게 구사한다는 것은 이렇게 3가지의 요소를 제대로 구현하는 것이라고 할 수 있다. 그렇다면 보고 언어를 구사하기 위한 기본기는 어떤 것이 있을까?
우선 보고 내용이라는 요소의 기본기는 '적극성'이다. 상사의 말을 적극적으로 듣고, 적극적으로 내용을 준비하는 사람은 언제나 보고의 내용을 잘 준비할 수 있다. 보고받는 자라는 요소의 기본기는 '상대성'이다. 보고받는 사람에게 제대로 전달되게 하기 위해서는 상대의 입맛에 맞고 상대방의 눈높이에 맞는 보고를 할 필요가 있다. 보고 방식이라는 요소의 기본기는 '적시성'이다. 보고는 때를 놓치면 쓰레기가 된다.
지금부터는 이러한 보고의 기본기를 하나씩 살펴보고, 능력자의 기본기를 장착하자.

> 더 깊은 공부

어원부터 살펴보는 보고의 의미

언어학자들은 보고를 의미하는 영어 단어인 Report의 기원을 설명하기 위해 14세기 중세시대 라틴어로 되돌아간다. 라틴어로 '뒤로 되돌아감'의 의미를 가진 Re(Back)와 '운반하다'는 뜻의 Portare(To carry)가 만나서 Report라는 단어를 만들어내게 되었다. Report를 어원 그대로 해석한다면 '(무엇인가를) 가지고 되돌아오다'라는 의미를 가진다. 도대체 '가지고 되돌아오다'라는 의미가 어떻게 우리가 매일 접하는 보고와 연관이 된다는 말인가? 그 답을 브리태니커 사전에서 찾을 수 있었다.

An account or statement 'brought back' by one who was present either casually or sent for the specific purpose.
특정한 목적을 위해 보냄을 받은 사람이나, 또는 우연히 그 현장에 있었던 사람이 '가지고 되돌아온' 설명 또는 언급

브리태니커 사전의 설명에 따르면 Report라는 것은 사건의 현장에 있었던 사람이 그 사건을 보고 듣고 경험한 정보를 '가지고 되돌아와서' 그 현장에 있지 않았던 사람들에게 전달해주는 것이다.
'(정보를) 가지고 되돌아오다'라는 의미로 시작된 Report는 17세기 중반 'Formal statement of results of an investigation', 즉 '조사한 것의 결과에 대해 형식을 갖춘 기술'이라는 의미로 발전하게 된다. 이 시점에서 Report는 지금 우리가 사용하는 것과 거의 유사한 의미를 갖게 된 것이다. 이러한 의미가 확대되어 오늘날 우리 조직의 보고는 '어떤 사건을 조사하고 준비해서, 그 내용을 일의 현장에 없었던 우리의 상사에게 알려주는 것'을 의미하게 되었다.

적극성이 최고의 능력이다

● **보고를 잘하는 사람은 '다른 귀'를 가지고 있다**

보고의 센스를 확인하기 위해, 다음 문제를 풀어보자.

Q : 다음에 제시된 문장 중에서 상사의 지시가 아닌 것은?
  ① 이렇게 하는 게 좋지 않을까?
  ② 이것 좀 해볼래?
  ③ 이런 방법이 좋을 것 같은데….
  ④ 아, 이게 걱정이야.
  ⑤ 이런 사례가 있더라고.

강의 현장에서 이 문제를 내면 사원이나 주임들은 한참 고민한다. 답이 한 개인지 두 개인지에 대해 진지하게 고민한다. 그런데 차장 이상의 학습자들에게 이 문제를 내면 몇 초 지나지 않아서 바로 말한다.

"전부 지시네!"

상사의 말을 문법적으로만 해석한다면 앞의 문장 중에서 명령형 문장은 하나도 없다. 그러니 실은 모두 지시가 아닌 것으로 봐도 국어 문제에서는 틀리지 않는다고 할 수 있다. 그러나 적극성의 귀를 장착하는 순간, 문장 뒤에 있는 상사의 목소리가 들리기 시작한다.

- 이렇게 하는 게 좋지 않을까? ⇨ 그러니까 이렇게 한 번 해봐!
- 이것 좀 해 볼래? ⇨ 그래, 지금 너한테 시키고 있는 거야. 하겠다고, 할 수 있다고 말해줘.
- 이런 방법이 좋을 것 같은데…. ⇨ 그러니까 이 방법을 참고해서 잘해보면 안 될까?
- 아, 이게 걱정이야. ⇨ 같이 고민해서 좋은 의견 좀 줘봐.
- 이런 사례가 있더라고. ⇨ 참고해서 더 좋은 안으로 만들어봐.

적극성의 귀가 장착되는 순간, 상사의 표면적 음성 뒤에 있는 또 다른 목소리가 들리기 시작한다. 안타까운 점은 많은 부하직원이 상사의 이런 말을 들었을 때 지시라고 생각하지 않는다는 것이다. 그런데 비극은 많은 상사가 저렇게 말을 하고 '지시를 했다'라고 생각한다는 것이다.

비극은 일주일 뒤에 시작된다.

"김 대리, 그때 내가 말한 거 잘 준비하고 있지?"라는 상사의 질문에

"뭐요? 제게 뭘 시키신 게 있나요?"라고 반문하게 되는 부하직원의 슬픈 목소리.

직장인이라면 누구나 이런 아픈 경험을 한 번쯤은 해봤을 것이다.

● **우리가 상사의 말을 적극적으로 듣고 싶지 않은 이유**

'상사의 말을 적극적으로 들어야 한다'라는 것을 대부분의 직장인은 알고 있다. 그런데 우리의 마음은 그렇지 않다. 우리는 왜 상사에게 적극적으로 다가가기 싫어할까?

한 직장인 전문 사이트에서 상사에게 위축되고, 상사에게 적극적으로 가기 싫은 이유를 조사한 적이 있다. 거기에 나온 Best 5의 내용은 다음과 같다.

① 상사 성격이 까칠해서
② 상사가 어려워서
③ 평소 지적을 많이 받아서
④ 나도 모르게
⑤ 업무에 자신이 없어서

강의 현장에서 물어보면 이 외에도 "다른 일 시킬까 봐" "다시 하라고 할까 봐"와 같은 답들이 동시에 나오기도 한다. 이러한 이유로 부하직원 입장에서 상사에게 적극성을 발휘하기 어렵다. 그렇기에 부하직원들의 반응, 즉 적극적으로 다가가고 싶지 않고, 웬만하면 상사에게서 멀리하고 싶은 모습은 자연스러운 반응이다.

교수, CEO, 고위 공직자를 거치며 보고받는 사람의 입장을 너무 잘 알고 있는 남충희 작가는 《성공 보고 7원칙》이라는 책에서 '스트레스를 피하려는 본능 때문에 직장인은 상사를 피하고 아무리 좋은 상사라도 늘 함께 붙어 있고 싶은 상사는 없다'라고 말하며, 상사에게서 멀리하는 것이 직장인의 본능이라고 말한다.

"여름 휴가를 준비할 때, 가장 먼저 보는 게 뭔가요?"

이 질문에 대부분의 학습자는 같은 답을 말한다. 바로 상사의 휴가 일정이다(일전에 한 학습자는 '눈치'라는 답을 하기도 했다. 매우 공감이 가는 답이다).

휴가 일정을 잡기 전에 상사의 휴가를 확인하는 이유는 아마도 상사의 휴가 기간에 본인이 팀을 책임지기 위한 마음일 것이다. 하지만 그 책임감보다 100만 배는 더 큰 이유가 있다. 바로 상사가 휴가를 가면 사무실이 휴가지가 되기 때문이다.

물론 일을 안 하는 것은 아니지만 상사가 휴가를 가면, 사무실의 공기도 달라진다. 자유의 향기가 사무실을 가득 채운다. 적극성을 갖는 것이 좋다는 것은 알지만, 우리의 본능은 상사로부터 멀어지고 싶다. 상사를 가까이하는 것은 스트레스를 이겨내는 의지와 노력을 필요로 하기 때문이다.

적극성의 장착이 어렵다는 것은 이해할 수 있고, 공감할 수 있다. 그러나 보고 능력자가 되기 위한 첫 단계는 바로 이 본능을 이겨내고 상사에게 적극성을 발휘하는 것이다. 그 이유는 다음에서 설명할 '상사에 대한 불편한 진실'에 담겨 있다.

상사에 대한
불편한 진실

수준 높은 보고를 하기 위해 적극성의 마인드를 제대로 장착하려면 상사에 대한 몇 가지 불편한 진실을 마주할 수 있어야 한다.

오해 1. 상사는 가치 있는 보고만 좋아한다.

⇨ 진실 1. 상사는 시시콜콜한 보고도 좋아한다. 상사는 일반적으로 보고 자체를 좋아한다.

많은 사람이 상사는 가치 있는 보고만 좋아한다고 생각한다. 물론 가치 있는 보고가 최고의 보고다. 그런데 가치 있는 보고만을 하려고 하면 대부분의 사람은 보고할 기회가 많지 않다. 실제로 업무 현장에서 상사에게 가치 있는 보고 거리를 만나게 되는 경우가 얼마나 될까? 그다지 많지 않다. 보고는 강도도 중요하지만 빈도도 중요하다.

적극적으로 보고하는 것, 시시콜콜한 것도 보고하는 것은 상사의 2가지 욕구를 만족시킨다.

첫째, 상사 스스로 중요한 사람이라는 점을 각인하게 된다. 팀원들이 어떤 정보가 있을 때, 비록 그것이 작은 것이라 할지라도 알려주려는 모습을 보고, 그런 경험을 하면 '아, 나는 중요한 위치에 있는 사람이구나'라고 인식하게 된다. 며칠 동안 전화 한 번 울리지 않는 사람과 업무 시간 내내 전화기에 불이 나는 사람 중에서 누가 더 중요한 사람처럼 보이는가?

둘째, 팀의 모든 일이 본인의 손 안에 있다는 생각을 하게 된다. 일반적으로 상사는 정보의 빈틈을 견디지 못한다. 부하직원이 뭔가를 하고 있는데, 그 뭔가가 무엇인지 도저히 알 수 없을 때, 또는 자신만 모른다는 생각이 들 때 그런 정보의 부재를 만드는 부하직원이 달가울 리 없다. 시시콜콜한 것이라도 보고하는 부하직원은 상사에게 "지금 진행되는 일들은 모두 당신에게 보고되고 있습니다. 당신이 모르는 것은 없습니다."라는 안심을 줄 수 있다.

오해 2. 보고하지 않아도 상사는 알고 있다. 상사니까….
⇨ 진실 2. 보고하지 않으면 모른다. 보고한 것만 알 수 있다.

업무 현장에서 우리의 일 자체만으로는 '일을 했다'라는 말이 성립되지 않는다. 반복해서 강조하지만 우리의 일을 상사가 인지하고 있을 때 의미를 갖기 시작한다. 우리가 무슨 일을 하고 있는지, 어떤 결과를 내고 있는지 상사가 알아야 일이 의미를 갖는 것이다. 안타까운 것은 상사의 머릿속에는 우리의 일 말고도 상사의 주의를 끌고 있는 수십 가지의 이슈가 있다. 이러한 이슈를

뚫고 상사의 머릿속에 내 일을 각인시키려면 상사에게 제대로 보고해야 한다. 상사니까 모든 것을 알고 있다고 생각하는 것은 상사를 신과 동급으로 생각하는 착각이다. 상사는 신이 아니다. 조금 극단적으로 말한다면 어떤 책의 제목처럼

"상사는 아무것도 모른다."

반복해서 말하고 전달해야 그나마 조금이라도 기억한다.

오해 3. 상사는 일 잘하는 최상위 성과자를 가장 좋아한다.

⇨ 진실 3. 비록 차상위라도 적극적으로 보고하는 '내 사람'이 좋다. 자주 보고하는 사람은 내 사람처럼 느껴진다.

상사는 능력자 부하직원을 가장 좋아할까? 이에 대해서는 약간 생각이 복잡해진다. 능력자이면서 위기에서 내 편이 되어줄 사람, 나에게 위협이 되지 않을 사람을 좋아한다. 즉 능력보다는 '내 사람' 같은 사람이 좋다.

예를 들어보자. 후임이 들어왔다. 팀에 후임이 들어온다는 것, 특히 막내라면 그 후임이 얼마나 반가울 것인가? 그런데 금상첨화로 능력도 뛰어나다. 모든 일을 열심히, 다 잘한다. 하지만 안타깝게도 딱 한 가지 결함이 있다. 선배인 나를 무시한다는 것이다.

이런 후임을 만났을 때 어떻게 반응할 것인가? '너는 능력이 뛰어나니, 나를 밟고 올라가라'면서 후배를 지원해줄 수 있는 사람이 있을까? 아마도 자신의 모든 능력과 인맥을 동원해서라도 밟아주려고 할 것이다.

모든 사람은 자신에게 위협이 되는 사람, 특히 일 잘하는 배신자를 환영할

수 없다. 일은 잘하는데 상사인 나에게 보고하지 않는 사람, 자신의 능력만 믿고 상사를 은근히 배제하는 사람, 자신의 뒤통수를 칠 것 같은 사람은 가까이할 수 없는 것이 모든 상사의 마음이다.

오해 4. 상사가 권한을 잘 위임하고 간섭없이 인내해주기를 원한다.
⇨ 진실 4. 그런 상사는 드물다.

임파워먼트(Empowerment, 권한을 주다) : 상사는 자신의 권한을 부하에게 위임을 해야 한다.

擬人不用 用人不擬(의인불용 용인불의) : 의심되는 사람은 쓰지 말고, 사람을 쓰려면 의심하지 마라.

리더십에서 끊임없이 강조되는 사항들이다. 부하직원은 상사가 일을 맡기고 그에 맞는 권한을 주지 않을 때 섭섭하다. 그리고 일을 시켰으면 '어련히 잘 알아서 할까'라고 생각하며 자꾸 확인하고 간섭하는 상사를 불편해한다. 그리고는 불평한다.

'우리 상사는 리더십이 형편없어.'

그런데 상사 입장에서 부하직원에게 권한을 완벽하게 위임한다는 것은 쉽지 않다. 쉽지 않기에 그렇게 오랜 시간, 자주 리더십의 역량으로 강조되는 것이다. 상사의 간섭이 불편하고 인내하지 못하는 모습이 못마땅하지만, 상사의 마음이 쉽지 않은 것을 또한 이해할 필요가 있다.

기억하자. 이상적인 임파워먼트의 관계는 부하직원에게 '권한'을 준 만큼 상사에게 '정보'를 줄 때 만들어진다.

오해 5. 상사의 접근성이 결정적이다. 쉽게 접근할 수 있어야 좋다.
⇨ 진실 5. 그런 상사는 드물다.

상사를 만나러 갈 때마다 실은 마음이 무겁다. 나를 평가하는 사람과의 만남이 그리 달가울 수는 없다. 그런데 상사도 항상 마음이 편한 것은 아니다. 상사 본인의 상황이 있을 수 있다. 그래서 보고하러 가는 나를 항상 반기고, 편하게 대해줄 것이라고 기대하는 것은 무리다. 실제로 부하직원 입장에서는 편하게 해주는 것은 바라지도 않는다. 불만족스러워하는 표정과 나의 수고를 깎아내리는 박한 평가만 없어도 다행이다.

기억하자, 접근하기 쉬운 상사는 드물다.

상사가 접근하기 어렵지만 그래도 접근하도록 노력해야 하는 이유를 다른 측면에서도 생각해보자. 상사에게 찍혔을 경우, 우리는 그 상사에게 적극적으로 보고하기 어렵다. 상사에게 찍히면 많은 사람은 상사를 멀리하고 싶어 한다. 복도를 지나갈 때도 그 상사를 보면 멀리 돌아가고 싶어진다. 그 마음은 이해할 수 있다. 그러나 한 가지 기억해야 할 원칙이 있다. 찍혔다면 반드시 '도끼를 들고 있는 사람'을 해결해야 한다. 만약 도끼를 들고 있는 사람을 해결하지 못했다면, 도끼를 들고 있는 사람에게 언제든지 또 찍힐 수 있다. 도끼를 든 사람은 기분 나쁘다고 찍고, 심심해서 찍고, 지나가다 찍는다.

도끼를 든 사람을 해결하는 가장 좋은 방법은 지속해서 자신의 일을 드러내는 것이다. 끊임없이 자신의 일을 어필하는 것이다. 그래서 나의 일을 인정하게 하고, 나에게 어느 정도 의존하게 해야 한다. 비록 한 번에 해결되지는 않더라도 점점 관계가 개선되는 것을 느끼게 될 것이다.

오해 6. 보고와 관련해서 상사에 대한 부하직원의 불만이 많다.
⇨ 진실 6. 보고와 관련해서 상사도 불만이 많다.

상사에 대한 불만이 없는 사람은 없을 것이다. 그래서 부하직원들끼리 술을 마실 때 항상 소환되는 안주 거리는 상사다. 상사를 씹다 보면 시간 가는 줄 모른다. 누구나 가슴에 상사에 대한 불만이 있다.

반면에 상사도 불만이 있다. 그 직원만 보면 아침부터 기분이 안 좋아진다. 비극은 만약 상사들끼리의 대화 자리에서 내가 소환된다면, 그 파장은 감당하기 어렵다는 점이다.

만약 직속 상사가

"우리 팀에 김 과장, 완전 사이코더라고"

라고 상사들끼리의 자리에서 거론된다면, 김 과장은 다른 상사들에게도 '사이코'로 자리매김한다. 한 번도 나를 경험해보지 못한 상사들에게 사이코로 인식될 경우, 앞으로의 직장 생활이 순탄치 못할 것임은 자명하다.

이 모든 진실에 담겨 있는 공통 코드가 있다. 바로 적극성이다. 비록 상사에게 적극적으로 다가가기 쉽지 않더라도, 우리의 본능에 반하는 방향일지라도 우리는 적극성을 보이기 위해 노력해야 한다. 적극성은 모든 스펙을 이길 수 있는 만능 치트키이다.

예를 들어 상사가 지나가는 말로 "아, 이게 뭐였더라?"라고 했는데, 다음 날 그 자료를 찾아오는 부하직원이 있다. 비록 그 부하직원의 스펙이 그리 좋지 않을지라도, 상사 입장에서는 그에 대한 이미지가 좋아질 수밖에 없다.

기억하자! 적극성은 최고의 스펙이다.

적극적인 보고자는
내용의 깊이가 다르다

"우리 회사 흡연율은 어때? 조사해서 보고해줘!"

불쑥 던져진 상사의 지시에 김 과장의 업무 리스트에는 일이 하나 더 추가된다. 적극적인 김 과장은 열심히 설문지를 작성하여 직원들에게 돌려 확인했다. 그리고 총 2,000명 중 450명이 담배를 피우고 있다는 정보를 수집했다. 열심히 고생한 티를 내기 위해 2,000명의 내용을 모두 정리해서 표로 만들어 상사에게 보고했다.

"팀장님! 제가 2,000명을 다 조사했는데요, 총 450명이 담배를 피우고 있습니다. 흡연율은 22.5%입니다. 직급별, 연령별 분석자료도 뒤에 첨부했습니다."

하지만 그렇게 애썼는데, 팀장의 표정이 심드렁하다. 그리고는 이렇게 질문을 던진다.

팀장: 그래? 그럼 왜 그렇게 담배를 많이 피울까?

김 과장: 네? 그건 조사 안 했는데요!

팀장: 그러면 22.5%라는 수치는 많이 심각한 걸까?

김 과장: 잘은 모르겠지만, 심각해 보이는 것 같습니다.

팀장: 왜?

김 과장: 흡연은 건강에 해롭잖아요!

팀장의 표정이 어두워진다. 애써서 준비한 김 과장의 마음도 무거워진다. 김 과장이 한 실수는 무엇일까?

● 보고의 첫 단계는 조사와 분석이다

조사(Investigation)는 보고(Report)의 가장 첫 단계이다. 하버드 비즈니스 스쿨의 《HBR Guide to Better Business Writing(설득력 있는 비즈니스 글쓰기)》에서도 보고의 첫 단계로 '편집광처럼 자료를 수집'할 것을 언급하고 있다. 여기서 주목해야 할 점은 '편집광'이라는 점이다.

상사가 요구하는 보고는 단순한 정보의 나열이 아니다. "흡연율을 조사해 봐"라고 지시한 상사의 말에는 단순히 흡연율이 몇 %인지가 궁금한 게 아니다. 우리 회사의 흡연율이 직장인 평균 또는 그룹사 평균에 비해 어떤 상태인지 궁금한 것이다. 또 어떤 추세인지, 점점 늘고 있는지, 그렇다면 그 추이는

가파른지가 궁금한 것이다. 회사에서 흡연 관련 조치를 시행하는 것이 당장 필요한지, 또는 제안을 하는 것이 맞는지를 결정하기 위해서는 단순히 "몇 % 입니다"라고 말하는 것으로 끝내지 말고 이것이 어떤 모습인지 입체적 분석이 필요하다.

전략적 판단을 하는 고위경영자들의 입장에서 보고를 통해 기대하는 것은 의사결정을 내릴 수 있는 확실한 사실 파악이다. 따라서 상사가 지시하는 어떤 일에 대해 단순히 요청받은 정보만을 주는 것이 아니라, 상사가 이것과 관련된 정보를 파악해서 결정을 내릴 수 있도록 적극적인 내용을 준비하는 것이 필요하다.

특히 예상하지 못했던 사고나 문제가 발생했을 때는 사고의 크기, 피해 정도, 발생 원인에 대한 보고가 도착하기 전까지 모든 경영활동이 중단되는 경우가 많다. 이런 경우 현장을 뛰어다니며 직접 정보를 검색하는 말단 직원의 역할이 고위 의사결정자들 못지않게 조직의 생존을 좌우하게 된다.

적극적인 보고를 하는 사람이 조직에서 가치 있는 인재로 평가받는다. 상사의 지시에 대해 입체적으로 생각하고, 철저한 조사를 통한 현황과 문제 파악 등 깊이 있는 내용을 준비하는 것이 모든 보고, 더 나아가 모든 경영활동의 출발점임을 기억하자. 이런 점에서 적극적인 보고란 내용 준비를 위한 '생각의 적극성'을 의미한다.

● **떡잎이 다른 보고자는 시야가 다르다**

　　키보드도 없는 전화기 한 대에 500달러를 받는 것을 두고 시원하게 비웃으며 조롱한 사람이 있었다. 아이폰이 출시되었던 2007년, 마이크로소프트사의 2인자 스티브 발머의 한 방송 인터뷰 모습이다. 유튜브에서 'Ballmer Laughs at iPhone(아이폰을 보고 웃는 발머)'으로 검색하면 진심으로 폭소를 터뜨리는 그의 모습을 볼 수 있다.

　　그런데 2014년 그가 또 다른 방송 인터뷰를 한다. 그 동영상의 제목은 'Steve Ballmer on His Biggest Regret(스티브 발머, 그의 가장 큰 후회)'이다. 인터뷰하는 스티브 발머의 표정은 7년 전과 다르게 무척이나 진지하다. 그리고 그가 비즈니스맨으로서 했던 결정 중에 가장 큰 후회는 모바일폰 사업에 더 일찍 참여하지 않은 것이라고 고백한다. 스티브 발머의 표정에서 알 수 있듯이 모바일 기술에 대한 잘못된 예측으로 마이크로소프트는 그 이후 급격한 위기를 맞게 되었다(이후 그들은 클라우드라는 새로운 기회에서는 제대로 예측했고, 이를 통해 다시 부활한다).

　　이렇듯 미래에 대한 예측은 경영의 성공과 실패를 결정하는 열쇠가 되는 경우가 많다. 기업 경영의 미래 예측이 중요한 역할을 담당하기 때문에 기업 내부의 보고에는 미래 예측에 대한 내용을 담아야 하는 경우가 많이 발생한다.

　　앞에서 적극적인 보고자가 준비해야 할 첫 번째 내용으로 철저한 조사를 통한 현황과 문제 파악을 언급했다. 상사는 문제에 대한 조사보다 한 걸음 더 나아가기를 요구하는 경우가 많다. 지금 현재 상황이나 문제도 중요하지만,

지금의 상황이나 문제로 인해 앞으로 발생할 일들이 무엇인지가 더 큰 관심사가 되는 경우가 많기 때문이다. 이때 대부분의 사람은 "다시 조사하겠습니다"라는 말로 대응한다. 그런데 정말 준비가 잘 된 사람은 항상 자신의 보고에 한 걸음 더 나간 내용을 준비한다. 사실을 철저하게 조사하는 것만으로도 좋은 보고라고 할 수 있다. 그런데 그 사실을 바탕으로 앞으로 발생할 시나리오나 긴 안목을 제시할 수 있다면 클래스가 다른 보고가 된다.

팀원에서 팀장으로, 사원에서 간부로 성장한다는 것은 조직 내에서 본인의 클래스가 바뀜을 의미한다. 그럴 때 주변 사람들은 내가 생산해내는 보고의 클래스도 한 층 올라가기를 요구한다. 클래스가 올라간다는 것은 기존에 하던 것을 더 잘하는 것이 아니라, 기존에 없던 것을 새롭게 하는 것임을 기억하자.

더 높은 클래스를 위해 나의 시야를 넓히는 노력을 기울여보자. 머지않아 조직에서 '될 성 부른 나무'로 인정받게 될 것이다.

보고에 적극성을 담으면, 본인의 가치가 달라진다.

상사의 프로파일러가 되면, 보고가 쉬워진다

사람은 누구나 입맛이 있다. 라면 하나를 가지고도 쫄깃한 면발을 좋아하는 사람이 있고, 부드러운 면발을 좋아하는 사람이 있다. 국물이 많은 것을 좋아하는 사람이 있고, 국물이 적은 것을 좋아하는 사람이 있다. 최고의 요리는 자신의 입맛에 맞는 요리다.

현장에서 최고의 보고를 하려면 보고와 관련한 상사의 입맛을 알 필요가 있다. 그에 따라 보고의 전략이 달라지기 때문이다. 그렇다면 상사에 대해 어떤 점들을 알아야 할까? 바로 상사의 P.A.C.K.(Personality, Attitude, Style, Knowledge)를 파악하는 것이다.

● Personality(성격)_ 상사의 특성을 고민하자

피터 드러커의 《자기경영노트》에 따르면 정보 수집과 관련하여 세상은 두 부류의 사람이 있는데, 바로 읽는 사람과 듣는 사람이다. 보고하러 들어갔는데 보고 자료는 보지도 않고 "그래, 한 번 얘기해봐!"라고 말하는 사람이 있다. 이는 듣는 유형이다. 반면에 보고하러 들어가서 얘기를 하려고 하면 "잠깐 조용히 좀 있어봐!"라고 말하는 사람이 있다. 이는 읽는 유형이다. 듣는 유형의 사람에게 두꺼운 보고서를 쓰는 것은 시간 낭비다. 읽으려 하지 않기 때문이다. 반면에 읽는 유형의 사람에게 구두로 보고하는 것은 시간 낭비다. 그는 오직 읽고 난 다음에 보고자의 말을 듣기 때문이다.

이러한 상사의 특성은 '성격이 급한 사람 vs 느긋한 사람', '꼼꼼한 사람 vs 대세만 확인하는 사람' 등 여러 가지 모습으로 나타난다. 이러한 특성에 대해서는 이어지는 다음 장에서 더 깊이 다뤄볼 것이다.

● Attitude(태도)_ 상사의 입장은 어떠한가

있어서는 안 되는 상황이지만, 공장에 화재가 난 상황을 가정해보자. 다행히 인명 피해 없이 진화되었다. 이런 경우 담당자 입장에서 공장장에게 보고할 때 어떤 부분이 중요할까? 물론 피해 규모, 대책 등의 여러 가지 중요한 사항이 있을 것이다. 하지만 공장장 입장에서 가장 중요하고 관심이 가는 부분은 아마 '누구의 책임이고, 원인은 무엇인지'일 것이다. 한마디로 관리소홀 문제인지 아닌지에 대해 관심이 갈 수밖에 없다. 이것에 따라 자신의 책임 여부가 달라지기 때문이다.

반면에 CEO라면 어떤 게 가장 관심이 갈까? 아마 문제를 해결하기 위한 방법 또는 지원이 필요한 사항이 어떤 것인지 등에 관심이 갈 것이다. CEO는 공장장과 다른 입장에 있기 때문에 보고를 받을 때 관심을 갖게 되는 사항이 다르다. 따라서 보고를 준비할 때 상대의 주된 관심이 어디에 있을지를 생각해 보는 것은 굉장히 중요하다. 보고할 때 상사의 입장, 상사의 관심사를 생각해보자.

예를 들어 상사가 맡고 있는 조직이 실적을 초과 달성한 상황이다. 이런 상황이라면 상사는 당장의 실적과 관련된 내용보다는 장기적 전략을 좋아할 가능성이 크다. 반면에 조직의 실적이 계획에 한참 못 미치고 있다면 이런 경우 상사는 장기적 전략을 좋아하지 않는다. 그에게는 당장의 대책, 당장의 실적이 중요하기 때문이다. 따라서 장기 전략을 보고하더라도 최소한 지금 당장 어떻게 실적을 올릴 것인지에 대한 고민과 의견을 함께 말할 필요가 있다.

만약 과거에 상사가 성공한 경험이 있는 방안으로 보고한다면 당연히 결재가 쉽다. 상사의 동의를 얻기 쉽고 심지어 조언을 들을 수도 있다. 반면에 상사가 과거에 실패한 경험이 있는 경우라면, 이때는 결재를 받기가 어렵다. 동의를 얻어내기 위해서는 과거와 어떤 점에서 차이가 있는지, 어떤 점을 보완했는지에 대한 준비가 필요하다. 보고할 사안에 대해 상사의 주요 입장과 관심사를 묻는 것은 보고의 내용을 준비함에 있어서 가장 중요한 절차이다.

● Circumstance(상황, 환경)_ 상사의 환경은 어떠한가

사람은 환경의 지배를 받는다. 환경이란 심리적 환경과 물리적 환경을 말한다. 상사 입장에서 일을 더 적극적으로 하고 싶은 때가 있다. 한 주를 시작하는 월요일, 또 하루가 시작되는 오전에는 업무에 적극적으로 임할 가능성이 크다. 반면에 금요일 오후라면 상사도 마음이 다소 여유로워진다. 상사도 가정이 있기에 주말에 있을 가정사, 또는 주말 약속 등으로 마음이 영향을 받게 된다.

상사가 중요한 일을 맡아서 마음이 많이 분주한 상황이다. 이런 경우는 상사에게 단일 안을 준비해서 보고하는 것이 좋다. 여러 안이 있을 경우 담당자 스스로 판단하여 그중에서 최적의 안을 보고하는 것이 상사의 부담감을 덜어 줄 수 있다. 반면 상사가 다소 여유가 있는 상황이라면 상사 스스로 여러 개의 안 중에서 최적의 안을 선택하도록 한다.

그렇다면 상사 입장에서 보고를 받고 싶지 않은 상황은 언제일까?

출근하자마자 보고를 받게 되는 상황은 상사 입장에서 달갑지 않다. 아직 일할 마인드가 아니기 때문이다. 점심 식사를 하고 사무실에 들어오자마자 받는 보고도 달갑지 않다.

"김 대리, 나 양치 좀 하면 안 될까?"

이렇게 돌려 말하지만, 본인도 잠시 쉬고 싶은 상황이다. 퇴근을 앞두고 받는 보고도 역시 달갑지 않다. 특히 이미 퇴근 준비를 다 마친 상태에서 부하직원의 보고를 받기 위해 다시 자리에 앉아야 하는 상황이라면 기분 좋은 상사는 없다.

들어가야 할 자리, 들어가야 할 때를 생각하려면 요즘 상사의 환경을 생각해보는 것이 중요하다.

● **Knowledge(지식)_ 상사의 지식 수준은 어떠한가**

상사는 신이 아니다. 물론 업무 경험을 통해 더 좋은 통찰을 가질 수는 있지만 모든 분야에 걸쳐서 깊은 지식을 갖고 있기는 어렵다. 상사가 잘 알고 있는 전문 영역이 있지만, 동시에 상사도 잘 모르는 영역이 있다.

상사가 잘 알고 있는 영역이라면 보고 내용을 준비할 때 작성자는 고민을 많이 해보고, 자료도 많이 찾아봐야 한다. 그리고 상사에게 보고할 때에는 간결하게 핵심 위주로만 준비해서 전달하면 된다. 상사가 잘 알고 있는 영역에 대해 많은 설명은 필요 없다.

반면에 상사가 잘 모르고 있는 영역이라면 작성자는 상사가 이해할 수 있도록 자료를 준비할 필요가 있다. 이때는 한 번에 많은 것을 설명해서 설득하려고 하기보다는 차근차근 목표를 세분화해서 접근하는 것이 좋다.

상사의 P.A.C.K.를 적어보자

	상사의 특징은?	보고 시 적용할 사항은?
P (Personality)		
A (Attitude)		
C (Circumstance)		
K (Knowledge)		

강의 현장에서 학습자들에게 본인 상사의 P.A.C.K.를 적어보라고 하면 항상 놀라운 2가지를 발견하게 된다.

첫째, 몇 년간 모시고 있던 상사인데도 상사의 P.A.C.K에 대해 적을 것이 별로 없다는 것이다. 분명 많이 안다고 생각했는데, 정작 상사에 대해 알고 있는 것이 없다.

둘째, 상사의 P.A.C.K에 따라 보고할 때 접목할 포인트를 적다 보면 의외로 굉장히 당연하고 기초적인 것을 놓치고 있었음을 알게 된다. 어느 주임의 사례다. 상사가 늦게 보고하는 것에 대해 너무 신경질적으로 반응하는 것 때문에 불편해하고 있었는데, P.A.C.K.를 적다 보니 상사의 상황(Circumstance)이 워킹맘이라는 것을 새삼 떠올리게 되었다. 그리고 자신이 매번 늦게 보고하는 것이 상사를 얼마나 난감하게 만드는지 느끼게 되었다. 그리고 C항목에 이렇게 적었다.

"모든 일은 아무리 늦어도 3시까지 보고를 마친다."

일전에 한 차장은 상사의 상황(Circumstance)이 지방에 혼자 내려와 있는 기러기 아빠라는 사실을 알게 되었다. 그렇다면 상사에게 공식적인 보고 이외에 한 달에 한두 번 정도는 별도로 저녁 식사를 같이 하면서 업무 상황에 대해 보고할 수 있는 기회를 갖는 것이 더욱 효과적일 것 같다고 말했다. 그리고 이 말을 덧붙였다.

"생각해보니 어려운 것도 아닌데 그걸 놓치고 있었네요."

상사에 대한 P.A.C.K.를 적어보자. 쓸 말이 없다면 내일부터 상사에 대해 살펴보자. 상사로부터 존중받는 가장 쉬운 길은 먼저 상사를 존중하고 상사에 대해 전문가가 되는 것이다.

● P.A.C.K.로 보고를 준비하면 길이 보인다

보고를 하기 위해 P.A.C.K.로 준비하다 보면 중요한 한 가지 포인트를 알게 된다. 같은 상사에게 보고하더라도 P.A.C.K.의 내용 대부분이 달라진다는 점이다.

예를 들어 김 과장이 같은 임원에게 보고하는데 월요일에 '신사업 프로젝트' 보고가 잡혀 있고, 금요일에 '신규 사회 공헌 활동 프로젝트' 보고가 예정되어 있다. 상사의 P.A.C.K.에서는 어떤 차이가 있을까?

같은 상사에게 보고하지만, 우선 입장(Attitude)이 다르다. 신사업 프로젝트와 신규 사회 공헌 활동 프로젝트는 다른 것이기 때문에 상사의 입장과 관심도 당연히 다르다. 상사의 환경(Circumstance)도 다르다. 월요일의 상황과 금요일의 상황은 전혀 다른 세계다. 상사의 지식(Knowledge)도 다르다. 당연히 두 프로젝트에 대해 상사는 다른 지식 수준을 가지고 있을 수밖에 없다.

이처럼 같은 상사에게 보고한다 하더라도, 상사에 대해 P.A.C.K.를 적다 보면, 상사의 A.C.K.(입장, 환경, 지식)가 다르다는 것을 인지하게 된다. 그렇기 때문에 준비할 부분이 달라진다.

상사에 대해 프로파일러가 되자. 무조건 보고를 준비하기 전에, 상사의 집무실로 들어가기 전에 짧게라도 상사의 A.C.K.에 대해 적어보자. 매번 변덕스럽게 보였던 상사의 반응에 숨겨진 비밀이 있었음을 알게 될 것이다. 무조건 보고하러 들어가기보다는 잠시라도 시간을 내서 A.C.K.를 적어보는 것이 보고의 시간을 확 줄일 수 있는 지름길이다.

이제 상사의 P(Personality, 성격)에 대해 더 깊이 살펴보자.

상사의 특성을 알고 보고한다

시니피앙 : 개념을 나타내는 언어

시니피에 : 언어에 의해 표시되는 개념

사람은 기질이 있다. 타고난 특성을 우리는 '기질'이라고 한다. 상사의 특성을 이해하지 못하면 언제나 보고가 어렵다. 나름 신경 썼다고 생각했는데 상사가 가장 싫어하는 방법으로 보고하는 결과를 낳고 만다.

사람의 유형을 구분할 때 많이 사용하는 방법들을 보면 동서양을 막론하고 4가지 유형으로 구분하는 경우가 많다. 그 외 MBTI는 16가지, 애니어그램은 9가지로 구분하기도 한다. 그러나 압도적으로 4가지가 많다. 대표적으로 혈액형(A형, B형, AB형, O형), 사상체질(태양인, 태음인, 소양인, 소음인), 히포크라테스의 4체액설(담즙질, 다혈질, 우울질, 점액질) 등이다.

업무 현장에서 도드라지는 특성을 가지고 상대의 유형을 파악할 때 유용한 분류의 틀로 D.I.S.C.가 있다. 이는 '표출 우위-수용 우위, 성과 지향-관계 지향'이라는 2가지 축을 가지고 사람의 행동 유형을 파악하는 방식이다. 분류의 틀이 복잡하지 않고, 행동 유형으로 파악하기 때문에 적용이 쉽다. 짧게 공부해서 바로 써먹기에 유용한 틀이다.

물론 그 많은 사람을 4가지로 유형화하는 것은 너무 단순한 접근이라고 비판하는 의견도 많다. 하지만 사람을 대할 때 기본적인 유형을 이해하는 것만으로도 사람에 대한 오해를 피하는 데 많은 도움이 된다. 오히려 사람을 대하는 시니피앙(어떤 개념을 설명하는 언어)이 없으면 시니피에(언어로 표현되는 개인들의 특성)를 인식하기 어렵고, 매번 맨땅에 헤딩하는 심정으로 보고를 할 수밖에 없다. 그래서 많은 비판이 있지만 사람을 이해하는 '시니피앙'의 공부는 유용하다.

● **표출 우위-성과 지향 : D형의 사람들**

이들의 특징은 'D'로 시작하는 단어와 관계가 깊다.

- Driving(추진력) 추진력이 강하다. 일단 일이 되게 하려면 이들에게 맡기는 것이 좋다.
- Determining(결단력) 결단력이 좋다. 일단 결심하면 밀어붙인다. 깃발을

들고 나를 따르라고 외치는 유형의 사람들이다.
- Dogmatic(독단적인) 다른 사람의 말에 귀 기울이지 않고 독단적으로 밀어붙이는 그림자를 가지고 있다. 또 자신의 권위에 대해 도전하는 사람을 참지 못하고 제거하거나, 자신에게 반기를 들지 못하도록 밟아버리려는 특징이 있다.

● 표출 우위-관계 지향 : I형의 사람들

이들의 특징은 'I'로 시작하는 단어와 깊다.

- Interpersonal(사교적인) 굉장히 사교적이다. 사람들에게 말을 붙이는 것을 어려워하지 않고 처음 만나는 사람과도 빠르게 친밀해지는 능력이 있다. 분위기를 밝게 만든다.
- Inspiration(영감이 풍부한) 아이디어가 많다. 그리고 말을 하면서 점차 아이디어를 구체화하는 경우가 많다. 생각을 정리하기 전에 말을 하고, 말을 하면서 아이디어가 확장되는 경우가 많다.
- Influence(영향을 끼치는) 사람에게 영향을 주고 영감을 주는 것을 좋아한다. 만약 그런 영향에 대해 긍정적인 피드백을 받거나 다른 사람에게서 진심의 감사를 받게 되는 경우 이들은 더욱 적극적으로 돕고자 한다.
- Interested(관심사가 많은) 세상과 사람들에 대해 항상 관심이 많다. 단점

으로는 끝까지 일관되게 일을 추진하지 못하는 경우가 많고, 자꾸 말이 바뀌는 경우가 생기기도 한다.

● 수용 우위-관계 지향 : S형의 사람들

말을 많이 하는 것보다는 듣기를 좋아하면서 마음이 따뜻하다는 평을 받는다. 이들의 특징은 'S'로 시작하는 단어와 관계가 깊다.

- Supportive(지원하는) 이들은 다른 사람을 지원하는 역할을 좋아한다. 조용하게 다른 사람의 필요를 채우고 리더들을 잘 보좌한다. 동시에 챙겨야 할 사람들을 다독거리며 팀 전체의 분위기가 깨지지 않도록 살피는 사람들이다.
- Shy(나서기 싫어하는) 지원하기 좋아한다는 말은 나서기 싫어한다는 말과 같다. 이들은 다른 사람을 앞장서서 끌고 나가야 하는 상황을 불편해한다. 앞장서서 무언가를 헤쳐나가는 것, 문제 상황에서 결정을 내리는 것은 이들에게 너무도 힘든 일이다.
- Sympathy(공감하는) 이들은 다른 사람에 대한 공감력이 뛰어나다. 상대의 마음을 잘 헤아리고 상대방이 듣기 싫은 말을 하지 않는다. 상대의 마음에 상처주는 것을 피하고, 가급적 좋은 분위기에서 좋은 사람으로 자신의 위치를 잡아가고 싶어 한다.

- Safety(안전함) 위험성을 싫어한다. 예상하지 못했던 리스크로 자신이나 팀 전체가 위험에 빠지는 것을 싫어하고, 모든 일이 계획대로 진행되는 것을 좋아한다. 그래서 미리 준비하는 것, 미리 살피는 것을 좋아한다. 또한 자신이 생각했던 대로 일이 진행되지 않으면 많이 불편해한다.

● **수용 우위-결과 지향 : C형의 사람들**

말이 많은 것을 싫어한다. 어차피 말이 중요한 게 아니라, 결과가 중요하다고 생각하기 때문이다. 이들의 특징은 'C'로 시작하는 단어와 관계가 깊다.

- Correct(정확한) 정확한 것을 좋아한다. 사람이 좋은 것보다 일의 결과가 좋은 것을 더 중요하게 생각한다. 틀리는 것, 자꾸 실수가 일어나는 것을 불편하게 생각한다. 그래서 일을 맡으면 완성도가 높게 일을 처리하고 싶어 한다.
- Calculating(계산이 빠른) 이들은 빈틈없이 일하고, 계산이 정확하다. 사소한 실수를 거의 하지 않는다.
- Competent(능력 있는) 일의 과정에서 계산이 빠르고 정확한 결과를 내기 때문에 조직 내에서 능력 있다는 평가를 받는다. 일을 맡으면 확실하게 해낸다.

- **Critical(비판적인)** 스스로 결과물에 대한 기준이 높고, 일의 과정에서 높은 완성도를 지향하기 때문에 이들은 업무 능력이 높지 못한 사람을 이해하지 못한다. 그리고 사람의 정서에 예민하지 못하기 때문에 일을 진행하는 과정에서 다른 사람의 마음을 상하게 하는 말을 쉽게 하기도 한다. 수준 높은 결과물을 낸다는 점에서는 긍정적 평가를 받지만, 조직원이나 부하직원들에게는 배려심이 부족하다거나 공감 능력이 없다는 말을 듣기도 한다.

그렇다면 보고 현장에서 어떻게 접목할 수 있을지, 보고에서 해야 할 것과 피해야 할 것들을 생각해보자.

〝 불같은 상사에게 보고하는 법

　　　　　　　　　영업 본부장인 장 상무는 당당해 보이고 확신 있게 행동한다. 목소리도 크고 자신의 주장을 강하게 한다. 그는 일에 있어서 결단력이 있고, 추진력이 있다. 고민의 여지 없이 바로 결정한다. 부하직원들이 무언가를 보고하면 말을 듣고 판단을 쉽게 내리고 그 자리에서 바로 지시한다. 그래서 부하직원들의 말을 끝까지 듣지 못하고, 본인의 말대로 잘 되지 않는 것 같으면 바로 목소리를 높이고 분위기를 험하게 만든다. 때때로 자기 뜻대로 할 것을 뭐 하러 물어보나 싶기도 하다.

　영업 조직에서 항상 고성과자로 있을 법한 리더의 모습이다. 이런 상사는 앞에서 언급한 D형이다. 이런 D형 상사에게 보고할 때는 기억할 몇 가지 팁이 있다.

좋아하는 보고 유형

이런 상사는 결과 위주의 간결한 보고를 좋아한다. 그러니까 했는지 안 했는지, 했다면 잘 되었는지, 성과는 얼마나 났는지와 같은 핵심 중심, 결과 중심을 좋아한다.

보고 횟수를 관리하세요!

이런 상사라면 보고 횟수를 관리할 필요가 있다. 일반적으로 상사는 보고를 좋아하지만 이런 상사는 특별히 보고받는 것을 더욱 좋아한다. 모든 일이 본인의 통제하에 있는 것을 좋아하고, 본인의 결정에 따라 일이 진행되는 것을 좋아한다. 만약 자신에게 보고하지 않고 일을 독단적으로 처리하는 부하직원이 있다면, 그는 이런 상사의 눈 밖에 있음을 알아야 한다. 따라서 이런 상사라면 보고할 거리를 만들어서라도 직접 보고하는 노력이 필요하다.

말은 짧고 명확하게, 지시를 받을 때는 메모를 잘하자!

보고할 때는 내용을 명확하게 말하고, 상사의 말을 들을 때는 메모하는 것이 중요하다. 이런 상사는 말을 듣기보다는 말을 하는 것을 좋아한다. 때문에 자신의 말을 제대로 듣고 꼼꼼히 확인하려는 부하직원의 모습을 좋아할 수밖에 없다.

뜸 들이지 말고!

보고 현장에서 이런 상사가 무언가를 묻거나 의견을 요청할 때에는 '뜸 들이지' 말아야 한다. 한 실험에서 이런 유형의 사람들이 답을 기다릴 수 있는 시간을 확인해봤는데, 평균 3초였다고 한다. 반면, S형이나 C형의 경우에는 생각을 정리한 이후에 말을 하기 때문에 질문을 받고 답을 하는 데 약 5초 정도의 시간이 걸렸다고 한다. 만약 상사가 D형이고, 본인이 S형이라면 이런 점을 주의하자. 상사의 질문을 받고 5초간 답을 생각하다 보면 그새를 참지 못하고 상사의 다른 질문을 받게 될 것이 뻔하다. 가급적 대답을 빨리하는 습관을 들이는 것이 좋다.

이런 모습은 피하자!

이런 유형의 상사는 자신 없는 태도, 잘 들리지 않게 작은 목소리로 보고하는 것, 복잡하게 말하는 것을 싫어한다. 설명이 너무 긴 경우에도 끝까지 잘 듣지 못한다. 또한 자신의 권위에 도전하는 것 같은 모습도 참지 못한다. 만약 거절할 일이 있다면 앞에서 바로 거절하지 말자. 일단 수긍하고, 고민의 시간을 갖고 내용을 준비한 이후에 어려운 점을 보고하는 것이 좋다.

〝 생각이 자꾸 바뀌는
상사에게 보고하는 법

고객 지원 본부장 손 상무는 항상 유쾌하다. 그의 주변에는 사람이 많은 편이고, 그와 함께 일하는 것이 즐거워 보인다. 그는 재미있다. 농담도 잘하고, 어색한 분위기를 화기애애하게 잘 전환한다. 또한 그는 업무 현장에서 고객을 만나거나 거래처를 만나는 것에 능숙하고 분위기를 잘 주도한다. 부하직원들과 격의 없이 대화하는 것을 즐기다 보니, 팀원에게 신경 쓰는 상사라는 점을 어필하고 싶어 한다. 그는 재미있는 농담도 잘하고, 분위기도 좋게 이끄는 편이지만 기분이 상하면 종종 삐치기도 한다. 또한 업무를 지시할 때 불명확한 경우가 많고, 생각이 자주 바뀐다.

이런 상사들은 대부분 인맥 부자다. 항상 유쾌하기에 주변에 사람들이 많다. 이런 상사의 유형은 I형 상사다. 이런 상사에게 '나를 멀리하는 부하직원, 감정 계좌에 잔고가 없는 부하직원'은 그리 가치가 높지 않은 직원이다. 부하직원 입장에서는 이런 상사를 대하는 것이 다른 유형의 상사에 비해 부담스럽지 않다. 그래서 긴장하지 않은 상태에서 실수를 하기도 하는데, 그런 경우 관계가 꼬이게 된다. 이런 상사에게 보고할 때에도 기억할 몇 가지 포인트가 있다.

평상시에 잘하자

이런 상사에게는 결과 위주로 보고하기보다는 평상시에 어떤 관계를 맺고 있는지가 중요하다. 사전에 상사와의 감정 계좌를 잘 쌓는 게 중요하다. 상사와 친밀감이 있으면 보고가 쉬워진다. 그래서 이런 상사와는 평상시 말 한마디라도 잘 챙기는 게 좋다. 식사하러 같이 가자고 먼저 권하고, 모임이 있으면 함께하길 권하는 것이다.

밝은 얼굴로 보고하자

이런 상사는 상대의 감정을 빨리 읽고, 상대의 감정에 영향을 많이 받는다. 그래서 가급적 이런 상사에게 보고할 때에는 친근감 있게, 밝은 표정으로 보고하는 것이 좋다. 그럼 상사의 표정도 한결 밝아지고 보고할 때의 분위기가 좋아질 수 있다.

호응으로 분위기를 밝게!

상사가 말을 할 때 호응을 잘해주는 것이 도움이 된다. 이런 상사는 일반적으로 말하는 것을 좋아하고 인정 욕구가 강하다. 그래서 자신이 말을 할 때 상대방이 호응을 잘해주면 더욱 적극적으로 말을 해주고 싶어 한다. 반면 자신이 주옥 같은 경험과 조언을 해주는데 상대방의 반응이 시큰둥하면 쉽게 기분이 상한다. 상사의 경험과 노하우를 쭉 뽑아내고 싶다면, 그리고 상사의 적극적인 도움을 받고 싶다면 호응을 항상 염두에 두어야 한다.

감사를 표하자

이런 상사에게는 도움을 받았으면 반드시 결과를 보고하고 감사를 표하는 게 좋다. 도움받을 때만 적극적으로 다가오고, 평상시에 거리를 두는 부하직원에게는 좋은 감정을 갖기 어렵다. 감정 계좌에서 인출했으면, 다시 채워 넣는 작업이 필요하다. 반드시 감사를 표현하자. 커피 한 잔이라도 함께 건넨다면 효과는 배가 될 수 있다.

이런 모습은 피하자!

이런 상사를 대할 때 피할 점이 있다. 이런 상사는 생각이 자주 바뀌는 경향이 있다. 말이 바뀐다기보다는 관심사가 다양하기에 관점이 달라지는 것이다. 이럴 때 지난 번과 말이 다르다며 불평하는 모습은 바람직하지 않다. 또 이런 유형은 아이디어가 많아서 다른 좋은 생각이 나는 경우도 많다. 그럴 때 말이 많다며 피하기보다는 상사의 말을 잘 메모해두고, 상사가 놓치는 부분을 잘 챙겨주는 것이 좋다.

결정을 못 내리는 상사에게 보고하는 법

경영 본부장 유 상무는 사람이 좋아 보이고, 따뜻해 보이는 이미지를 갖고 있다. 그는 업무를 할 때 좀처럼 화를 내진 않지만, 무언가 결정을 할 때 쉽게 수긍하지 않는 편이다. 특히 직원들 간에 갈등이 있거나, 무언가를 급히 결정해야 할 때는 불편한 기색이 드러나기도 한다.

그는 직원들의 뛰어난 업무 수행에 대해 칭찬을 잘해주는 편이고, 필요한 것이 있다면 조용히 지원해주기도 한다. 다만 직원들은 빨리 결정해줘야 하는 문제에 대해 답이 늦어지는 것을 어려워하고, 새로운 아이디어를 냈을 때 묵혀두는 것을 답답해한다.

항상 온화하다. 싫은 말을 잘 안 한다. 격려를 아끼지 않고 마음이 따뜻하다. 그런데 결정을 잘 못 내리고 갈팡질팡하는 모습을 많이 보이는 상사는 S형의 상사다. 이런 유형의 상사에게 '사고 치는 부하직원, 사고 칠 것 같은 부하직원'은 무가치한 직원이다. 이런 상사를 대하기 위한 몇 가지 팁이 있다.

미리미리 챙기자!

보고할 때 상사의 빠른 결정을 재촉하지 않는 것이 좋다. 이런 상사는 결정이 빠르지 않다. 여러 가지 요소를 고민해보고, 돌다리도 두드려본 후에도 잘 안 건너간다. 다른 사람이 다 건너간 것을 본 후에 간다. 그래서 이런 상사에게 "팀장님, 급하니까 빨리 결정해주세요!"라고 말하는 것은 상사의 분노를 자극하는 일이 된다. "급하면 진작에 왔어야지!"라는 상사의 짜증을 듣게 될 것이다.

대안이 있어야 한다

또한 이런 상사들은 항상 과정/현황에 대한 분석과 대안의 안정성을 중요하게 본다. 그래서 보고를 할 때 종종 이런 질문을 던진다.

"이러이러한 일이 생기면 어떻게 하면 될까?"

이런 상사의 질문에 이렇게 대답을 하면 진짜 큰일난다.

"아! 그럼 진짜 큰일이네요."

당신은 이런 상사가 가장 싫어하는 '사고 치는 부하직원'의 리스트에 올라갈 가능성이 크다. 따라서 이러한 유형의 상사라면 사전에 Plan B를 준비해서 보고하는 것이 좋다. 또는 이런 상사가 묻는 리스크(Risk) 관련 질문에 대해서는 TIP에서 제시하는 보고 화법을 익혀두는 것이 좋다.

안정성, 해본 것, 기존의 것!

이런 상사들은 과도한 변화를 추구하는 것을 좋아할까? 완전히 판을 바꾸는 혁신을 좋아할까? 대부분 부담스러워하는 경우가 많다. 문제가 생기는 것, 그래서 책임을 져야 하는 상황에서 소극적인 모습을 취할 때가 많다. 그래서 이런 상사와 일을 할 때는 기존의 것을 중심으로 기획의 내용을 준비하는 것이 좋고, 상사를 설득해야 할 때는 가급적 근거를 잘 준비하는 것이 좋다. 예를 들어 "팀장님, 다른 팀도 다 이렇게 한답니다"와 같은 말은 상사를 쉽게 납득시킬 수 있는 마법의 문장이 될 수 있다.

그렇다면 진짜 혁신적이고 새로운 내용을 시도하려면 어떻게 해야 할까? 그런 경우는 차근차근 단계별 목표를 세워 시간을 갖고 설득하는 것이 좋다. 리스크를 싫어하는 상사일지라도 익숙해지면 그 리스크가 작게 느껴지고, 감당할 수 있어 보이게 되기 때문이다.

상사를 안심시킬 수 있는
리스크(Risk) 대책 화법

상사에게 보고를 하러 갔다. 나는 완벽하게 준비를 했다고 생각했는데, 언제나 상사의 질문은 예리하다. 이런 경우 상사의 예리한 질문에 답을 못하거나, 미처 생각하지 못했다고 말하면 꼼꼼해 보이지 않는다. 꼼꼼해 보이지 않고 준비가 덜 된 모습에 대해 S형 상사는 결재가 인색하다.

그렇다면 어떻게 보고하는 것이 좋을까? 그때 좋은 것이 '리스크 대책 화법'이다. 리스크 대책 화법은 평가와 대응으로 구분할 수 있다.

- **평가라고 하는 것은 리스크의 크고 작음을 따지는 것이다**

    이러한 평가의 축은 빈도(일어날 가능성 : 얼마나 자주 일어나는가)와 영향도(일어날 경우 얼마나 큰 타격이 있겠는가)이다. 이 두 가지의 축을 H(High, 높음), M(Middle, 중간), L(Low, 낮음)로 구분해보자.

- **대응은 크게 회피, 경감, 전가, 수용이라는 4가지의 방법이 있다**

    회피는 리스크를 피하거나, 발생 원인을 없애거나, 영향을 피하기 위해 계획을 변경하는 것을 말한다. 흔히 말하는 Plan B를 일컫는다.

경감이란, 리스크의 발생 확률 및 영향도를 수용 가능한 범위까지 줄이는 방법을 말한다. 사전 대비책이 될 수 있다.

전가란, 리스크에 따른 마이너스 영향을 제3자에게 이전하는 대응을 말한다. 대표적인 것이 보험, 보증서(Warranty) 등이 있다.

수용이란, 리스크 경감이나 회피 등을 하지 않고 수용하는 것을 말한다. 제거가 곤란하거나, 대응책이 없는 경우 또는 빈도와 영향도가 아주 낮을 경우에 활용되는 방식이다.

예를 들어보자. 이번 워크숍으로 골프를 잡았다. 그런데 상사가 묻는다.

"만약, 당일에 비가 오면 어떻게 할까?" 이렇게 묻는 상사에게 "그럼 큰일이네요!"라고 말해서는 안 된다. 그렇다면 리스크 대응 화법으로 생각해보자.

(평가) "기상 자료를 보니, 당일 비가 올 확률이 높지는 않을 것 같습니다."

(대응) "그래도 혹시 몰라서 (회피 대응으로) 주변에 A급 스크린골프장도 확인 해두고 있습니다."

상사의 질문에 이렇게 답을 해줄 수 있다면, 당신은 빈틈없는 능력자의 모습으로 비쳐질 것이다. 물론 결재도 쉬워질 것이다.

깐깐한 상사에게
보고하는 법

미래전략 본부장 조 상무는 목소리를 높이는 법이 없다. 다소 깐깐하지만 능력 있다는 평가를 받는다. 꼼꼼한 자료 관리와 냉철한 판단력을 가진 그는 마치 AI 같다. 그는 계산도 정확하고 실수도 거의 없다. 업무에 있어서 정확한 것을 좋아하고, 시간이 많이 걸리기는 하지만 수준 높은 결과물을 낸다. 반면 과도하게 꼼꼼한 일처리로 급박한 과제를 처리하는 데 유연하지 못하다. 또 인간미가 별로 없다. 그와 함께 일하는 것은 재미없다. 부하직원들은 이런 상무를 불편해하고, 리더가 지나치게 하나하나 살피다 보니 주눅이 든다는 말들을 한다.

'정확하다, 칼 같다, 예리하다, 인간미가 없다.' 이런 문장이 따라다닌다면 C형의 상사이다. 이런 상사에게 '실수 많은 부하직원'은 무능력하고 무가치한 직원이다.

이런 상사를 대하기 위한 몇 가지 팁이 있다.

실수를 관리하세요!

이런 상사를 대하기 위해서는 실수를 철저히 관리할 필요가 있다. 특히 눈에 보이는 오탈자, 숫자 끝자리, 단위 등은 거듭 확인해서 실수하지 말아야 한다.

준비해서 보고!

보고할 때 자료에 근거해서 말한다. 추상적이거나 근거가 빈약한 보고, 갑자기 생각나는 보고는 자제할 필요가 있다. 보고하다가 갑자기 머릿속에 불꽃 같은 아이디어가 떠오를 때가 있다. 이런 경우 상사에게 날것의 아이디어를 그대로 보고하면, 상사가 불같이 화를 낼 가능성이 크다. 불꽃 같은 아이디어라도 이런 상사에게 보고할 때는 나름의 근거를 잘 준비해야 한다.

자료를 준비

이런 상사들은 자료를 본인 스스로 보고, 스스로 꼼꼼히 따져보는 걸 좋아한다. 따라서 백데이터를 잘 준비할 필요가 있다. 이런 상사를 모시고 있다면 내용의 완벽성을 추구하자.

● **가장 모시기 힘든 상사를 대하는 마음**

현장에서는 다양한 유형의 상사를 만나게 된다. 일반적으로 부하직원 입장에서 가장 힘든 상사가 누굴까? 보통 대부분의 직원, 특히 요즘 젊은 세대들은 'D형+C형'의 상사를 어려워한다. D형처럼 권위적이면서 C형처럼 꼼꼼함이 있는 상사는 쉽지 않다. 능력이 탁월하지만 인간미가 떨어지는 상사를 모시게 될 경우, 부하직원들은 하루에도 몇 번씩 그만두어야 하는지를 진지하게 고민한다. 그런데 생각을 바꿔보면, 이런 상사의 유용성이 눈에 들어온다. 이런 상사를 모시고 있다면 이렇게 생각해보자.

"내가 강남 스파르타 학원에서 일을 배우고 있다."

만약 이런 상사의 눈높이를 맞출 수 있다면, 당신은 어떤 유형의 상사를 만나더라도 실력으로 만족시킬 수 있을 것이다.

이외에도 만약 지금 모시는 상사가 S형이라면 상사가 팀원들을 어떻게 다독이는지, 어떻게 위험 요소들을 사전에 점검하고 무리 없이 일을 추진하는지 배워라. I형 상사라면 어떻게 고객들을 대하고, 거래처들과 화기애애한 관계를 맺어가는지, 어떻게 인맥을 관리하고, 사람들 속에서 분위기 메이커가 되는지 배워라.

보고를 위해 분석한 상사의 유형이 오늘 당장 당신의 업무 능력을 높여줄 방향성이 될 수 있음을 기억하자.

〝 상사도 다 같은 회사원이다

밖에서 보는 것보다 팀장은 권한이 없고 그 팀의 업무에 대해 팀원들보다 잘 모르는 경우도 많다. 팀장들의 상사들도 마찬가지다. CEO에게 불려갈 때 불안해하는 임원들의 눈빛이 그것을 얘기해준다(한 팀장의 고백).

프로 비즈니스맨은 보고받는 상사의 입장을 반영하여 본인의 보고 내용과 전략을 수립한다. 나의 보고가 몇 점인지 평가하는 사람은 내가 아니라 보고받는 사람이기 때문이다. 당연히 나의 보고를 받는 상사(팀장, 임원, CEO를 모두 포함)에 대해 알 필요가 있다. 안타까운 점은 대부분의 직장인이 본인의 직속 상사에게만 시선이 머무는 경우가 많다는 것이다. 팀장들도 직장인이고, 그의 상사가 어려운 것은 우리와 마찬가지라는 점을 잊을 때가 많다.

한 팀장의 상황을 통해 상사의 입장을 이해해보자.

채용 담당자 A는 개발자 포지션의 최종 면접에 합격한 후보자에게 연봉을 제안해야 한다. 후보자가 원하는 금액은 7,000만 원이다. 그러나 회사의 가이드라인은 동일한 직무에 대해 5,000만 원이 상한선이다. 해당 후보자는 시장에서 인정받는 스타 개발자이다. 담당자 A는 그동안 탈락시켰던 50명의 이력서, 20명의 전화 인터뷰, 5명의 최종 면접 대상자를 생각할 때 다른 후보자를 찾는 것이 엄두가 나지 않는다. 채용이 더디다는 현업 부서의 재촉은 한계에 다다랐다. 담당자 A는 예외 연봉을 주고 채용을 마무리하고 싶었고, 인사팀장에게 상황을 정리해서 보고한다. 이제 인사팀장이 알아서 할 일이다.

담당자 A의 안건을 보고받은 인사팀장은 결정을 내리지 못한다. '회사에 이런 예외 케이스를 처리했던 경험이 있었나?' 담당자 A에게 이런 예외 케이스가 있었는지 알아보라고 시킨다. 잠시 후 이런 경우가 처음이라고 얘기한다. 그러면 '그룹 관계사에는 이런 경우가 있었나?' 담당자 A에게 관계사 몇 곳에 연락해서 상황을 알아보라고 시킨다. 하지만 몇 시간이 지나도 답이 없다.

담당자 A가 보기에 인사팀장은 무능력해 보인다. 아는 것도 없고, 상사에게 보고할 용기도 없는 것 같다. 인사팀장은 스스로 결정을 내리지 못하고 계속 여기저기 알아보라고 지시만 한다. 그러는 사이 귀한 후보가 입사를 포기한다면 최악의 상황이 된다. 담당자 A는 인사팀장에게 조심스럽게 얘기한다. "다른 관계사도 이런 경험이 없다고 하는데, 경영지원 실장님께 보고하면 결정해주시지 않을까요?"

인사팀장이 보기에 담당자 A는 무책임하다. 예외 사항을 만들어놓고, 끈질기게 책임지지 않는다. 이런 경우가 처음이라 결정을 내릴 수 없다. 유사한 사례가 있는지 조사하라고 내린 지시에 A는 속도가 느리다. 경영지원 실장에게 결정을 부탁하라는 답답한 소리만 하고 있다. 재무팀 출신인 경영지원 실장은 인사 채용 제도에 대해 경험이 없다. 경영지원 실장을 설득할 만한 전략 없이 예외 사항을 인정해달라고 했다가는 팀원들 앞에서 망신만 당할 것이 너무 뻔하다.

비즈니스 현장에서 실제로 종종 발생하는 상황이다. A의 보고 내용은 예외 사항이 발생했고, 그런 예외 사항을 인정해줄 수 있는지에 관한 것이었다. 이렇게 되면 A와 인사팀장은 안 되는 것을 해달라는 사람과 그것을 해줄 수 없는 사람으로 관계가 설정된다. 이때 담당자 A는 잊고 있는 것이 있다. 인사팀장이 결정을 내린다고 끝나는 문제가 아니라는 점, 인사팀장도 설득해야 하는 상사가 있다는 점, 그리고 인사팀장도 상사가 부담스럽다는 점이다.

만약 담당자 A가 폭넓은 시야를 가지고 있었다면 보고의 내용과 전략이 달라졌을 것이다. 예외 채용을 허가해달라는 것이 아니라, 이런 상황을 해결하는 프로세스를 만들자는 것이 되었을 것이다. 그랬다면 인사팀장과 함께 경영진을 설득할 근거를 만드는 방향으로 접근할 수 있었을 것이다. 기존 사례나 관계사의 사례를 조사하는 것도 귀찮은 일이 아니라 기존에 없던 문제 해결 프로세스를 함께 만들어가는 가치 있는 일로 느껴질 것이다.

이번 일을 계기로 담당자 A와 인사팀장이 새로운 업무 프로세스 하나를 정립하게 된다면 이는 연말 성과 평가에도 반영될 수 있다.

"상사는 모든 권한을 쥐고 있는 신이 아니다." 직속 상사만 설득한다고 모든 일이 해결되고 결정되는 것이 아니다. 보고의 전략을 준비할 때 잊지 말아야 할 한 가지를 기억하자.

"상사(임원일지라도)도 더 높은 상사가 있다!"

❝ 보고, 타이밍에 실패하면 쓰레기가 된다

상사는 우리의 보고를 왜 받을까? 아주 어려운 문제이지만 한 번 풀어보자.

① 심심해서

② 부하의 노력을 이해하려고

③ 지적 욕구를 만족시키려고

④ 의사결정을 위해서

우리의 바람은 ②번이다. 보고를 통해 부하직원의 노력을 이해하고 격려해주는 상사, 우리는 그런 상사를 만나고 싶다. 그러나 상사가 보고를 받는 이유는 ④번, 의사결정을 위해서이다. 따라서 상사가 의사결정을 해야 할 시간이 지난 이후에 보고하게 될 경우 보고는 가치가 없어진다는 것을 기억하자.

"타이밍에 실패하면 보고는 쓰레기가 된다."

● **현장에서 상사들이 싫어하는 보고자의 모습**

그렇다면 현장에서 상사들이 싫어하는 보고 중에서, 특히 타이밍과 관련해서 어떤 보고 유형이 있을까? 다음의 유형을 기억하고, 그에 대한 팁을 내일부터 당장 실천해보자.

"알고 싶으면 물어보세요" 유형
현장에서 상사가 항상 물어봐야만 하는 부하직원이 있다. 뭘 시켜도 먼저 보고하는 법이 없다. 이런 모습을 못마땅하게 보는 상사에게 부하직원은 "제가 바빠서요, 궁금한 사람이 물어보는 거죠!"라고 말하고 싶다. 그러나 기억하자. 물어봐서 말하는 것을 우리는 보고라고 하지 않는다. 그것은 '대답'이다. 보고는 지식 근로자의 '상품'이다. 그러나 '대답'은 상품이 아니다. 그냥 대화일 뿐이다. 일하는 티를 내려면 대화가 아닌 보고를 해야 한다.

⇨ Tip : 상사가 묻기 전에 보고하자. 상사는 머리가 복잡하기 때문에 묻기 전에 보고하는 부하직원을 좋아한다.

"일 하느라 바쁘답니다" 유형
현장에서 일을 시키면 중간 보고를 안 하는 사람이 있다. 그냥 결과만 보고

한다. '어련히 알아서 잘하고 있을까'라는 자신감 때문인 것 같다. 그러나 중간 보고를 하지 않으면 대부분 어련히 알아서 잘한 그 결과가 한참 어긋난 삽질임을 알게 될 때가 많다. 중간 보고는 상사가 일에 대해 신뢰감을 갖게 한다. 부하직원이 자신이 시킨 일을 잊지 않고 잘 수행하고 있음을 알 수 있다. 반면에 부하직원은 일의 방향성을 재확인할 수 있고, 단계에 맞는 상사의 도움을 받아낼 수 있다. 상황과 타이밍에 맞는 한 번의 중간 보고는 천 번의 삽질을 줄일 수 있다.

⇨ Tip : 장기간의 업무는 중간 보고를 통해 상사와 소통해야 한다. 상사는 모든 것을 통제하고 싶어 한다.

"조치가 중요하지, 보고가 중요합니까" 유형

업무 현장에서 담당자로서 선조치를 하게 되는 상황이 있다. 촌각을 다투는 상황에서 일일이 결재를 기다릴 시간이 없다. 그런 경우 선조치를 했다면 즉시 상사에게 보고할 필요가 있다. 그 이유는 2가지 측면이다.

첫째, 선조치를 하고 상사에게 보고하게 되면, 비록 상사는 자신이 결정하지 않았지만 이 선조치 사항에 대해 담당자가 상사인 자신의 권위를 인정하고 있음을 느끼게 되고 크게 불편하지 않다.

둘째, 선조치 사항을 상사가 모르는 상태에서 임원이 알게 되었다고 가정해보자. 일반적으로 임원은 누구에게 연락하게 될까? 대부분은 담당자가 아닌 팀장에게 연락한다. 임원이 알고 있는 것을 팀장이 모르고 있다면, 팀장은 임원 앞에서 대놓고 '바보'가 된다. 팀원 하나 제대로 관리하지 못한다는 인상을 주게 된다.

기억하자. 팀장이 임원 앞에서 바보가 되는 상황이 선조치 이후 누락한 한 건의 보고 때문에 생길 수 있다. 임원 앞에서 바보가 된 팀장이 나를 바보로 만들 방법은 나보다 100배는 많다.

⇨ Tip : 선조치와 동시에 직속 상사에게는 반드시 보고한다(가급적 선조치 상황은 피하는 게 좋다).

"지금 당장 욕을 피할 수 있다면, 문제가 커져도 괜찮아요." 유형

상사의 성격이 불같은 경우, 또는 회사 생활의 경험이 많지 않은 경우 문제 보고를 잘하지 못한다. 욕을 먹을까 봐, 싫은 소리를 들을 것이라는 두려움 때문에 쉽사리 보고하지 못하고 끙끙 앓다가 문제를 더 크게 만든다. 해결할 자신이 없다면 문제는 즉시 보고하자. 문제를 즉시 보고하는 순간, 문제에 대한 놀라운 변화가 생긴다. 혼자 끙끙 앓고 있다면 당장의 욕은 피할 수 있지만, 문제를 해결하기 어렵다. 또한 문제에 대해 '독박'을 쓰는 상황이 된다. 문제를 보고하는 순간, 싫은 소리를 한참 들을 수 있다. 상사의 불호령을 받을 수 있다. 그러나 보고된 순간 문제 해결의 주체는 '나 혼자'에서 '팀과 함께'로 바뀌게 된다. 그리고 일반적으로 상사는 우리보다 문제를 해결할 인적 자원과 경험 자원이 훨씬 풍부하다.

⇨ Tip : 상사의 능력을 믿어라. 문제는 숙성되면 크게 터진다.

> ## 중간 보고,
> ## 상사를 안심시키는 기술

유형별 적절한 보고 타이밍은 어떻게 될까? 또 어떻게 보고하면 상사에게 일 잘하는 이미지를 남길 수 있을까?

● **중간 보고는 일의 방향을 잡고, 상사를 안심시킨다**

중간 보고를 잘하는 것은 상사로 하여금 일에 대한 걱정을 덜게 한다. 그리고 믿음을 갖게 한다. 그러면 중간 보고의 타이밍과 방법을 살펴보자.

3일 이상 걸리는 일은 무조건 진행 사항을 보고하자. 상사는 3일 정도가 되면 일의 진행 사항과 결과물을 알고 싶어 한다. 중간에 한 번 정도는 꼭 보고하고, 방향성과 결과물을 상사와 합의하는 것이 좋다. 보고를 잘하는 사람은 하루가 걸리는 일이라도 중간 보고를 한다. 예를 들어 아침에 팀장이 이렇게 지시했다.

"김 주임, 오늘 끝날 때까지 금번 분기 실적 자료 좀 정리해줘!"

일을 못하는 사람은 '퇴근 전에만 가져가면 되겠지'라고 생각한다. 그리고 퇴근 시간 5분 전에 당당하게 가져간다. 그러면 팀장은 만족스러울까? 정말 퇴근하기 전에만 보고하면 일을 잘했다는 평가를 받을까? 아니다. 팀장은 하루 종일 불안하다. 퇴근 시간 2시간 전인데 정말 제대로 했는지도 궁금하고, 김 주임이 본인의 지시를 잊은 건 아닌지 궁금하다. 내일 아침에 본부장에게 보고할 내용인데 설마 잊었을까 하는 마음도 있지만, 그래도 바쁜 것 같은 김 주임에게 자꾸 확인하는 것도 모양이 빠진다.

일을 잘하는 사람이라면 팀장이 아침에 시킨 일에 대해 점심 먹기 전 짧게라도 보고한다.

"팀장님, 아까 말씀하신 자료 70% 완료했습니다. 아마 4시에는 보고 드릴 수 있을 것 같습니다."

이 한 문장에 상사는 김 주임에 대해 신뢰가 간다. 그리고 일의 결과를 4시까지 마음 편하게 기다릴 수 있다. 따라서 하루짜리 업무라도 중간 보고를 하는 것이 좋다. 그리고 3일 이상의 업무라면 반드시 중간 보고를 하자.

● 중간 보고는 3가지로 보고한다

중간 보고의 내용은 3가지를 기억해야 한다. 업무 내용, 진행 사항, 마감(또는 추후 보고 때까지의 목표물) 관련 사항이다. 예를 들어 팀장이 시킨 전사 워크숍 프로젝트에 대해 중간 보고를 한다면 이렇게 하는 것이 좋다.

"팀장님, 전사 워크숍 준비와 관련해서 현재 60%의 진행을 보이고 있습니다. 계획 관련 사항을 완료했습니다(업무 내용 및 진행 사항). 장소와 프로그램 관련 사항, 그리고 물품에 대한 검토와 준비를 진행하고 있습니다. 차주까지는 보험 관련 사항, 각 본부별 참여 인원 점검, 전사 공지 사항을 진행하겠습니다(마감 사항)."

중간 보고를 위해서는 정기적으로 보고하는 것이 좋다. 예를 들어 분기 내내 전사 워크숍 프로젝트를 진행하고 있다면 팀장에게 매주 수요일 오후 3시 정도에 보고하는 것으로 사전에 일정을 잡자. 만약 팀장이 바쁘다면 서면으로 대체하고, 전화통화나 메신저로 보완하는 방안도 좋다. 중요한 것은 정기적인 보고를 통해 '아, 이때가 되면 김 과장이 알아서 보고해주지!'라는 신뢰감을 주는 것이다.

또한 중간 보고를 할 때에는 말로만 한다면 잊히게 된다. 듣는 상사 입장에서도 지난주와 이번 주의 변경 사항, 진행 사항을 알기 어렵다. 이때 짧게라도 메모를 준비해서 전달하면 훨씬 체계적으로 준비한다는 인상을 줄 수 있고, 이전 보고와 달라진 사항을 한눈에 알 수 있어서 상사도 보고받기 편하다.

문제 보고,
능력자는 문제 상황에서 빛이 난다

다음에 제시된 보고 상황에서 잘못된 점은 뭘까?

[상황 1]

"상무님, 말씀하신 생산 현황에 대해 조사해봤습니다. 금번 1분기 생산 현황이 지난 분기보다는 10% 하락했습니다. 제품별로는 A제품은 지난 분기와 유사한데 B제품과 C제품의 생산이 지난 분기 대비 각각 14%, 9% 하락했습니다."

"왜 그런 일이 생겼지?"

"어, 저기 일단 생산 현황에 대해 조사하라고 하셔서 생산 현황만 체크했습니다. 원인도 분석할까요?"

"(한숨을 쉬며) 그래, 원인도 빨리 조사해와!"

[상황 2]

"상무님, 1시간 전에 생산라인에서 화재가 발생했습니다. 원인은 작업자가 버린 담배꽁초에서 라인에 불이 옮겨 붙으면서…."

"뭐? 1시간 전에 발생한 것을 이제 보고해? 장난해?"

상황 보고 중에서 타이밍과 방법에 가장 민감하게, 예민하게 준비해야 하는 것이 바로 문제 보고다. 문제 보고를 자칫 잘못하면 문제에 대한 책임에서 벗어나기 어렵게 되고, 가뜩이나 불편한 상사의 심기를 뒤집어 놓을 수 있게 된다. 앞의 두 상황은 모두 상사에게 혼나는 보고다. 그런데 [상황 1]의 보고는 원인을 조사하지 않았다고 혼나고, [상황 2]의 보고는 원인을 조사해서 혼나고 있다. 무슨 차이인지 문제 업무 보고의 타이밍과 원칙을 이해해보자.

● 문제 업무 보고에서 기억할 제1원리는 신속이다

좋지 않은 보고는 신속하게 해야 한다. 특히 긴급사태라면 때와 장소, 시간을 가리지 않고 하는 것이 좋다. 상사들끼리 모여 있을 때 일 잘하는 부하직원을 둔 상사는 티가 난다. 회사 전체의 긴급사태를 가장 먼저 보고받고, 그것을 상사의 윗분에게 보고드릴 수 있는 사람이다. 기억하자, 긴급사태라면 수단을 가리지 말고 상사에게 전달하라.

이때 긴급사태와 일반 문제 보고를 구분하는 것이 중요하다. 예를 들어보

자. 가끔 인터넷 뉴스를 보면 '미국 대통령 판문점 전격 방문(1보)' 같이 속보로 뜨는 것이 있다. 그런데 클릭을 하고 들어가면 아무것도 없다. 제목이 내용의 전부다. 즉 예측할 수 없었던 것, 발생 자체가 하나의 이슈가 될 수 있는 것, 당장 대처하지 않으면 문제의 규모가 커질 수 있는 요소들(예를 들어 화재, 고객 정보 해킹, 천재지변 같은 사항)은 즉시 보고해야 한다. 이때는 문제 자체를 우선 보고해야 한다.

이런 보고는 최소 3번으로 나눠서 보고하는 것이 좋다.
첫째, 문제 자체를 알리는 초도 보고다. 문제 발생에 대한 내용을 전달한다.
둘째, 중간 보고다. 문제의 원인과 대응하고 있는 상황, 그리고 대응 방향에 대한 내용을 보고한다.
셋째, 결과 보고다. 문제 상황이 종료되었음과 추후에 유사문제 방지책에 대한 내용을 전달한다.

반면에 같은 문제이지만, 보고의 시간이 촌각을 다투지 않는 요소들이 있다. 예를 들어 공급선에서 금번 분기 가격을 대폭 인상하려고 한다. 문제 업무는 맞지만 촌각을 다투지는 않는다. 이런 경우라면 당연히 문제의 원인과 배경 등을 조사해서 보고하는 좋다. 즉 문제의 원인(Why), 문제의 크기(How much), 문제 수습 기간(How long)과 같은 내용을 5W2H 방식으로 보고하는 것이 좋다.

문제 보고를 할 때 싫은 소리는 피해갈 수 없는 상황이다. 능력자는 이때에도 싫은 소리를 최소한으로 줄이며 상사를 안심시킨다. 반면에 보고의 타이밍, 보고 방법에 센스가 없는 사람은 없는 욕까지 끌어서 먹을 가능성이 크다.

> # 변경 사항 보고와 정보 보고,
> # 한끗이 역적과 충신을 가른다

       일을 하다 보면 변경 사항이 생긴다. 그리고 거래처와의 관계에서도 많은 정보를 듣게 된다. 이러한 변경 사항 보고와 정보 보고의 방법을 알면 일 잘하는 사람, 충성심이 높은 사람의 인상을 줄 수 있다.

● **변경 사항 보고 : 이거 못하면 '역적' 됩니다!**

       변경 후 보고를 4글자로 하면 뭐가 될까? '사후 보고'다. 그러면 2글자로 줄이면 뭐가 될까? '통보'가 된다. 통보받는 것을 좋아할 상사는 없다. 계속해서 통보만 하는 부하직원에게 상사는 심기가 불편하다. 그러면 "니가 팀장 해라!"는 말이 나올 수밖에 없다.

변경 사항 보고는 타이밍이 중요하다. 선조치가 불가피한 상황을 제외한다면 반드시 사전에 보고하는 것이 좋다. 이때 변경 사항이 한눈에 잘 들어오게 시각화를 잘하는 것이 중요하다. 이전(Before)과 이후(After)가 어떠한지, 상사가 보자마자 알 수 있게 전달하는 것이 변경 사항 보고에서 드러낼 있는 부하직원의 배려다.

특히 변경 사항을 보고할 때, 상사의 'No'는 충분히 예상할 수 있는 상황이다. 상사는 이미 결정된 것을 바꾸기 싫어하고, 변경 사항을 자신의 상사에게 보고해야 한다면 더욱 부담감을 느낀다. 따라서 이런 경우에는 반드시 상사의 'No'를 예상하고 근거를 준비할 필요가 있다.

● **정보 보고 : 이거 잘하면 '충신' 됩니다**

부가적 정보는 신선도가 생명이다. '묵히면 똥 된다'는 현장의 격언이 있다. 정보 보고가 그러하다. 예를 들어 외부 업체와 미팅을 다녀왔다. 그러면 들어오자마자 어떻게 하는 것이 좋을까? 가장 좋은 것은 미팅을 다녀왔음을 상사에게 보고하고 미팅에서 있었던 일들에 대해 짧게라도 보고하는 것이 좋다. 다짜고짜 내용을 문서로 만들기 위해 시간을 할애하는 것은 부적절하고, 괜한 헛수고가 될 가능성이 크다.

우선 구두 보고를 하고, 상사가 유용성을 판단하게 하는 것이 좋다. 정말 중요한 내용이어서 상사가 본인의 상사에게 보고할 필요성을 느끼거나 자료화

할 필요성을 느낀다면 상사가 문서로 만들어달라고 먼저 말할 것이다.

또한 정보 보고를 할 때에는 사실과 추론을 분리할 필요가 있다. 정보 보고를 할 때 이러한 내용의 분리가 안 되면 상사는 "그때 김 과장이 말했잖아!"라고 다그치게 된다. 김 과장이 아무리 "그건 제 느낌을 말씀드린 건데요"라고 열심히 말해도 상사는 허위 보고라고 생각하게 된다. 따라서 습관적으로 정보와 판단 사이, 사실과 추론 사이에 연결 어구를 붙이자. 대표적으로 '따라서 제가 보기에는~, 제가 판단하기에는~' 같은 말로 연결시키면 상사는 사실과 의견을 분리해서 듣게 된다.

● **정보 보고의 화법 '구름-비-우산'**

정보 보고와 관련해서 '구름-비-우산' 화법을 기억하면 유용하게 써먹을 수 있다. 일반적으로 우리는 다음과 같은 방식으로 말을 한다.

(사실) 구름 꼈네.
(판단) 비 오겠네.
(제안) 우산 가져가.

정보 보고도 마찬가지다. 정보 보고를 할 때에는 '사실-판단-제안'의 흐름으로 얘기한다면 상사는 내용을 굉장히 논리적으로 인식하게 될 것이다. 예를 들어 미팅을 통해 거래처가 조만간 새로운 생산라인을 증설하게 될 것이라는 얘기를 들었다. 그렇다면 정보 보고를 잘하는 사람은 미팅 직후 이렇게 보고할 것이다.

- (사실) "팀장님, 거래처 김 차장과 미팅을 했는데, 내년도 상반기까지 생산라인을 새로 증설한다고 합니다. 지금보다 두 배 정도 생산능력을 갖추게 될 것 같습니다."
- (판단) "그렇게 될 경우, 그에 맞는 원자재에 대한 요청 니즈가 커질 것 같습니다. 아마 그러면 국내에서는 최대 규모의 원자재 구매처가 될 것 같습니다."
- (제안) "때문에 아예 장기적인 구매 파트너로 자리 매김할 수 있도록, 거래처 사장님과 저희 사장님의 관계를 돈독하게 만드는 것이 필요할 것 같습니다. 팀장님, 조만간 거래처 팀장과 같이 출장을 가시는 게 어떨까요?"

이런 방식으로 보고하는 연습을 해보자. 스스로 논리적인 보고를 준비할 수 있게 될 것이고, 동시에 상사도 당신의 말을 더욱 신뢰하게 될 것이다.

PART 3

보고 화법 : 설득력 있게 전달하는 기술

상사 앞에 서는 우리는 프레젠테이션을 한다고 생각할 수 있다. 그래서 '1:N 프레젠테이션'과 '1:1 프레젠테이션'을 구분해서 말하기도 한다. 보고는 1:1 프레젠테이션이다. 프레젠테이션 기법을 강의하는 현장에서 내가 항상 강조하는 말이 있다.

"자료를 준비할 때는 자료로 끝을 볼 것처럼 준비해야 합니다. 그리고 발표할 때는 '내가 발표로 끝을 보리라'는 마음으로 발표해야 합니다."

보고 현장도 마찬가지다. 보고의 내용을 준비할 때는 그 내용만으로 모든 것을 이룰 수 있도록 혼신의 힘을 다해서 준비해야 한다. 상사를 분석하고, 내용을 논리적으로 전개하고, 상사가 쉽게 이해할 수 있도록 보고서를 준비해야 한다. 그리고 보고 현장에서는 말하는 능력, 전달하는 능력을 발휘하여 보고의 목적을 달성할 수 있도록 해야 한다. 보고의 목적이 설득이라면 상사의 결재를 받아야 하고, 보고의 목적이 정보 전달이라면 상사가 그 내용을 명확하게 인지하게 해야 한다. 상사가 보고자로부터 존중받는다는 느낌까지 줄 수 있다면 더할 나위 없다.

그런데 안타까운 것은 '말하는 방법'이 잘못되어서 본전조차 건지지 못하는 직원들이 많다는 점이다. 그럼, 어떻게 보고를 해야, 어떻게 상사 앞에서 프레젠테이션을 해야 능력을 보일 수 있을지 이어지는 내용들에서 확인해보자.

큰 그림을 그려줘야 핵심을 놓치지 않는다

"결론이 뭐야? 그러니까 핵심이 뭐냐고?"

"좀 알아듣게 말해! 지금 학생이야?"

"왜 이리 장황해? 간결하게 안 돼?"

"왜 기분 나쁘게 얘기해?"

보고 현장에서 맞닥뜨리는 상사의 불평은 보통 이런 것들이다. 이런 상사의 불평을 들으면 우리의 멘탈은 안드로메다로 떠나고, 도대체 무슨 말을 어떻게 해야 할지 당황스럽기만 하다. 이런 상황에서 보고를 잘하고 싶다면 B.E.S.T. 4가지 철자를 기억하자. 완벽한 보고 화법은 이 4가지 원리를 기본으로 한다.

- Big picture(큰 그림) : 핵심/전체의 그림을 설명한다.
- Easy(쉽게) : 상대방이 쉽게 이해할 수 있도록 말한다.
- Short(간단하게) : 메시지를 짧고 간결하게 말한다.
- Trouble free(불편하지 않게) : 상대가 불편하지 않은 방식으로 말한다.

● 핵심을 전달하는 법 : Big picture(큰 그림)

김 과장이 당당하게 이 팀장에게 다가온다. 뭔가 성과가 있는 얼굴이다. 이런 때일수록 이 팀장의 마음은 불안해진다. 김 과장이 보고를 시작한다.

[김 과장] "팀장님, 좋은 아침입니다. 커피는 드셨어요? 제가 최근에 커피를 배우고 있잖아요. 그래서 아침에 커피를 좀 타왔습니다. 한 잔 드시죠. 어때요? 맛있죠? 이 원두가 제가 최근에 특별히 구한 원두인데…."

말을 끊지 않으면 한도 끝도 없을 것 같다.

[이 팀장] "커피 맛있네. 그런데 아침부터 무슨 일이야. 커피 주러 온 거야?"
[김과장] "아니요. 아참, 실은 금번 프로젝트 진행 사항과 관련해서 보고 드리겠습니다. 일전에 예산 문제가 있다고 했잖아요. 또 참가 단체들도 신청을 잘하지 않고 있다고…. 특히 중요한 A협회가 일정이 맞지 않아서 참여하지 못할 것

같다고 말씀도 드렸었고요. 실은 그때 B단체도 자신들의 성격과 맞지 않아서 참여하지 못할 것 같다고 말했었거든요."

[이 팀장] "그래서?"(잘 안 되고 있는 거야? 김 과장이 책임지고 하겠다고 했었잖아?)

[김 과장] "그래서 제가 지난주 내내 예산 확보를 위해 담당자를 구워삶았잖아요. 마침 제 동기가 거기에 있는데요. 얘가 또 성격이 지랄맞아요. 지난주에 그 녀석하고 탁구도 치고, 바빠 죽겠는데 그 녀석 인생 상담도 해주고…."

이대로 방치하면 안 되겠다는 생각이 든 이 팀장은 커피를 내려놓고 이렇게 말한다.

[이 팀장] "그러니까 예산 확보되었어, 안 되었어?"

[김 과장] "지금 말씀드리려고 했는데, 그 어려운 상황에…."

[이 팀장] "되었냐고, 안 되었냐고?"

[김 과장] "되었습니다."

[이 팀장] "참가 단체는? 짧게 말해!"

[김 과장] "어렵지만 참가 단체의 협조를 구했습니다."

[이 팀장] "또 보고할 것 있어?"

[김 과장] "전사적 추진 조직 구성도 끝냈고, 홍보 계획도 만들었습니다."

[이 팀장] "그럼 준비 다 되었네. 수고했어. 알았어. 다음부터는 결론부터 말해! 아침부터 무슨 말이 그리 많아?"

김 과장은 자신이 열심히 일한 것들을 깨알같이 어필하고 싶었는데, 아침부터 팀장에게 한 소리만 듣게 되어 속이 쓰리다.

Big picture를 전달하지 못하면 상대방은 핵심을 잘 이해하지 못한다. 이해하지 못하는 말을 계속 듣다 보면 짜증이 난다. 내가 왜 이런 말을 듣고 있어야 하는지 이해할 수 없기 때문이다. Big picture의 중요성은 초두 효과와 연결된다. 일반적으로 사람은 첫 번째 나오는 정보에 의해서 생각을 지배받게 된다. 만약 처음 나오는 정보가 핵심과 무관한 내용이라면 상대가 무슨 말을 하고 있는지 이해하기 위해 끝까지 에너지를 쓰면서 들어야 한다.

그래서 보고의 첫 시작에 Big picture를 그릴 수 있게 하는 것이 중요하다. 상대방이 헷갈리지 않도록 핵심을 알게 하는 것이다. 그리고 이를 위해 연습할 화법으로 'P.R.E.P. 화법'이 있다.

● **핵심을 명확하게 남기는 P.R.E.P. 화법**

P.R.E.P. 화법이란 'Point(핵심 메시지)-Reason(논리적 이유)-Evidence/Example(증거/사례)-Point(핵심 메시지)'의 방식으로 말하는 것이다. P.R.E.P.를 사용하면 핵심이 명확해진다. 초반에 핵심 메시지가 나오므로 초두 효과를 효과적으로 활용할 수 있다. 그리고 또한 그 결론을 뒷받침하는 논리적 메시지가 따라 나오기 때문에 상대방은 더욱 논리적으로 핵심을 쉽게 이해할 수 있다. 또한 마지막에 다시 Point를 확인하기 때문에 핵심이 명확한 메시지를 이

해할 수 있다. 예를 들어보자.

- Point(핵심 메시지) : 행복한 가족 여행을 준비하신다면 ○○풀빌라로 오세요.
- Reason(논리적 이유) : 안전성, 쾌적함, 품격이 있는 최고의 숙소입니다.
- Evidence/Example(근거/사례) : 개인 풀빌라로 안전합니다. 각 객실별 단독 건물로 쾌적한 공간을 제공합니다. 또한 인테리어와 객실 용품이 호텔 수준 이상으로 구비되어 있습니다.
- Point(핵심 메시지) : ○○풀빌라는 가족분들에게 최고의 여행은 물론, 좋은 추억을 제공할 것입니다. 꼭 오세요!

이런 방식으로 메시지를 전개하는 것이다. 그렇다면 앞에서 김과장은 어떻게 보고하는 것이 좋을까?

- Point : 팀장님, 좋은 아침입니다. ○○프로젝트에 대해 보고 드리겠습니다. 일전에 말씀드렸던 상황이 개선되어서 전반적으로 잘 준비되고 있습니다.
- Reason : 걱정했던 예산과 참여 단체 문제가 잘 해결되었고, 이 외에서 두 가지 측면에서 잘 준비되고 있으므로 순탄하게 진행될 것으로 보입니다. 팀장님께서 걱정하지 않으셔도 될 것 같습니다.
- Evidence : 첫째 예산팀의 도움을 받아서 예산 확보가 잘 되었습니다. 둘째, 참가를 보류했던 단체들이 참가하기로 했습니다. 아마 작년보다 30% 정도 많은 단체가 참석할 것 같습니다. 셋째, 일전에 주신 의견 잘 반영해서 전사적 추진 조직의 구성을

완료했습니다. 넷째, 대외 홍보 계획도 치밀하게 잘 만들어두었습니다.
- Point : 걱정 없으시도록 꼼꼼히 잘 챙기면서 잘 추진하겠습니다.

이런 방법으로 상사에게 보고하면 보고를 받는 사람의 머릿속에는 핵심이 잘 남는다.

'그래, ○○프로젝트는 잘 준비되고 있으니 크게 걱정할 필요 없겠어.'

그리고 상사의 마음에는 또 하나의 이미지가 남는다.

'어려웠을 텐데 김 과장이 잘 해결했네. 믿을 만해.'

보고의 가치는 어떤 말로 시작하는가, 처음에 보고의 핵심을 알게 하는가에 달려 있다.

초두 효과

맨 처음에 제시된 정보가 나중에 제시된 정보보다 더 잘 기억되는 효과를 말하는 용어이다. 예를 들어보자.

- A는 지적이고 부지런하고 충동적이고 비판적이고 고집이 세고 시샘이 많다.
- B는 시샘이 많고 고집이 세고 비판적이고 충동적이고 부지런하고 지적이다.

이렇게 표현할 경우 듣는 사람은 A를 더 높이 평가하게 된다.
다음의 예를 보자.

1. 금번 행사는 예산에서 문제가 있고, 프로그램도 3번이나 번복되고 있고, 내부의 반발 등 몇 가지 문제가 있지만 관리 가능한 범위에 있습니다. 전체적으로는 큰 문제 없이 계획대로 준비되고 있습니다. 지속적으로 잘 관리하겠습니다.
2. 금번 행사는 전체적으로는 계획대로 준비되고 있습니다. 예산에서 문제가 있고, 프로그램의 번복이 있고, 내부의 반발 등 몇 가지 문제가 있지만 관리 가능한 범위에 있습니다. 지속적으로 잘 관리하겠습니다.

1번과 2번의 보고 중 2번처럼 보고하는 것이 상사의 입장에서는 더 안심이 된다.

Easy :
상대가 쉽게 이해하도록 말하기

쉽게 말하는 사람은 매력적이다. 우리는 쉽게 말하는 사람의 말을 듣고 싶어 한다. 이해하기 위해서 많은 에너지를 쓸 필요가 없기 때문이다. 또 나에게 쉽고 친근한 사람에게는 친밀감을 더욱 느끼기 때문이다.

개인적으로 쉽게 말하는 사람, 그래서 친밀감을 느낄 수 있는 전문가로 백종원 씨를 첫째로 꼽는다. 물론 그의 요리를 좋아하기도 한다. 일단 맛있기 때문이다. 하지만 더 큰 매력은 그의 설명 방식 때문이다. 그의 요리는 쉽다. 그는 간장 몇 cc, 조미료 몇 큰 술, 소금 적당량, 마리네이드 같은 말을 쓰지 않는다. 일상에서 접할 수 있는 종이컵 몇 컵, 숟가락 몇 스푼으로 우리가 사용하는 도구와 용어로 설명한다.

사람들은 전문가지만 쉽게 설명할 수 있는 사람을 좋아한다. 보고를 받는 상사도 마찬가지다. 쉽게 설명하는 사람이 좋다.

● 무슨 말이야? 좀 쉽게 말해!

그럼 쉽게 설명하지 못하는 사람은 어떤 사람인가? 우선 상사로부터 "무슨 말이야? 좀 알아듣게 말해!"라는 말을 듣는 사람이다. 그는 왜 이렇게 못 알아듣게 말할까?

업무 현장에서 우리는 자신만의 전문 영역이 있다. 생산, 회계, 법무 등에서 자신만의 전문적 영역이 있다. 영업 담당자라면 아이템, 거래 방식 등 자신들만의 용어가 있다. 일반적으로 한 직종에서 5년 이상 일하면, 그 분야에서는 나름 전문가의 길을 걷고 있는 것이다. 그래서 업무에 대해 얘기할 때 본인의 전문용어가 익숙하고 편하다.

반면 좁은 분야에만 한정되지 않고 전체를 관리하는 상사는 전반적인 흐름은 이해할 수 있지만, 특정한 아이템이나 프로젝트의 경우 이해도가 높지 않다. 이런 경우 평상시 담당자들끼리 사용하는 용어로 상사에게 설명하면, 상사는 내용을 이해하기 쉽지 않다.

상사 입장에서 결재를 한다는 것은 일의 진행을 허락해주는 것이다. 그리고 책임을 지는 것이다. 일을 해야 하는지 멈춰야 하는지에 대한 결정을 내려야 하는 상황에서 내용을 이해하기 어렵게 말하는 담당자는 달갑지 않을 것이다. 동시에 부하직원에게 "그 내용을 다시 설명해줄래?"라고 말하게 되는 것은 자신의 한계를 보여주는 것처럼 생각될 수 있어서 상사 입장에서는 달갑지 않다. 따라서 담당자는 본인의 일을 누구에게라도 쉽게 설명할 수 있는 능력이 필요하다. 상대가 같은 업계에 있는 사람이건, 일을 잘 모르는 사람이건 언제든 자신의 일을 잘 설명할 수 있는 방법을 고민해야 한다.

쉽게 말하지 못하는 이유는 상대방에 대한 배려가 없기 때문일 수도 있다. 자신의 에너지를 덜 쓰기 위해 상대의 에너지를 갉아먹는 습관이 있는 사람이다. 상사의 머리에는 나의 일 말고도 엄청 많은 이슈가 있다는 점, 이것을 빨리 처리해야 다른 일을 해결하는 데 집중할 수 있다는 것을 배려하지 못하는 사람이다.

● **장난해? 나를 뭘로 보는 거야?**

쉽게 말하지 못하는 사람은 상대방의 용어에 익숙하지 않은 사람이다. 의학 내용을 다룬 드라마 또는 법률 내용을 다루는 드라마를 본 적이 있는가? 그들은 시청자를 무시하고 본인들만의 용어로 말한다. 드라마 안에서 등장하는 의사들, 법률가들은 자신들만 이해할 수 있는 용어로 말한다. 전문 용어를 정확하게 다루는 것은 짧은 시간에 구체적이고 많은 의미를 소통할 수 있기 때문이다.

시청자는 밑에 자막을 힐끗 보고, 매력적인 등장인물들의 모습에 도취되어 내용을 따라갈 뿐이다. 우리가 그런 드라마를 보면서 짜증 나지 않는 것은 전문용어를 이해할 필요가 없기 때문이다. 우리는 드라마를 보면서 결정을 내려줄 필요가 없다. 환자의 사망 원인이 아나필라틱 쇼크(급성 전신성 알레르기 쇼크)인지, 에피네프린(천식, 두드러기 등 심한 알러지 반응을 치료하고 심한 저혈압의 응급처치에 쓰이는 약) 투약 시점이 언제인지, 컨티뉴어서 IV 경로로 투약했는지는 시청자 입장에서 전혀 중요하지 않다.

하지만 보고를 받는 상황에서는 이것이 중요하다. 전문용어를 쉽게 설명하면서 짧은 시간에 최대한 정확한 정보를 주고받는 것이 중요하다. 즉 시청자가 아닌 전문가의 의사결정 상황에서는 전문가의 눈높이에 맞춘 '쉬운' 설명이 필요하다. 따라서 쉽게 말한다는 것은 상대의 눈높이에 맞춰 말하는 것이다.

● 쉽게 말하는 사람의 쉽지 않은 노력

보고할 때 쉽게 말하는 사람은 '상대의 눈높이에 맞춰 상대의 용어로 표현' 할 줄 아는 사람이다. 그만큼 상대방을 이해하고, 배려하는 사람이다. 그래서 쉽게 말하는 것은 어렵다. 평상시 준비가 필요하고, 상사에 대한 관찰이 필요하다. 상사의 용어를 완벽하게 이해하고 습관화할 수 있도록 평상시에 지속적이고 의식적인 노력이 필요하다.

이런 노력은 효과가 크다. 단순히 상사에 대한 이해가 빠르다는 점 이외에도 보고할 때 상사의 용어를 사용할 경우 상대는 심리적으로 미러링 효과(어휘, 말투, 속도가 비슷할수록 협조의 가능성이 커진다는 심리학 용어)를 느끼게 된다. 자신의 어투, 표현을 사용하는 부하직원의 보고가 더 쉽게 이해되고, 친근감을 느낄 가능성이 크다.

당신의 보고가 쉽지 않다면 못 알아듣는 상사의 무지함을 탓하기 전에 생각이 부족한 자신의 모습을, 상대를 배려하지 않는 자신의 접근을, 평상시 상사를 관찰하지 않은 자신의 노력 없음을 돌아볼 필요가 있다.

간결하게 말하는 법 :
박 과장의 보고는 왜 빨리 끝날까

보고할 때, 상사의 질문이 이어진다. 일반적으로 보고는 독백이 아니라 상사와 대화를 하는 상황이다. 그런 경우 상사를 속 터지게 하는 사람이 있고, 상사에게 확신과 안심을 주는 사람이 있다.

예를 들어보자. 아이의 수술이 끝난 상황에서 의사에게 수술 결과를 묻는 장면이다. 이런 의사와의 대화, 당신이라면 어떨까?

부모 : 우리 아이 수술 잘 끝났죠?

의사 : 어떻게 설명을 해야 할지 모르겠는데요. 오늘 수술을 하면서 제 손을 꿰매 버리고 싶었어요.

부모 : 네? 아유, 무슨 말씀이세요, 선생님?

의사 : 수술 중에 아이 심실중격결손을 막으면서 치료하는데 승모판 역류가 심한 거예

요. 그래서 그거를 성형하려고 했는데, 조직이 너무 약하고 자꾸 찢어져서 역류가 점점 심해졌어요. 생각보다 여기서 시간이 많이 걸렸어요. (수없이 긴 의사의 설명은 이어지고, 옆에 있던 아내는 울기 시작한다.) 여튼 수술은 잘 끝났어요.

물론 수술이 잘 끝났다는 말에 마음은 놓일 것이다. 아내도 눈물을 멈추고 다시 희색이 돌 것이다. 그러나 이 의사는 사람의 마음을 너무 모르는 사람이다. 부모는 짧은 한마디, '수술 잘 끝났어요'가 너무도 필요하고 간절한 것이다.

설명의 방식을 보면 2가지의 관점이 충돌하는 것을 보게 된다. 상황과 정보를 모두 논리적으로 풀어서 설명하는 방식과 사람 마음을 살펴서 설명하는 방식이다. 전문가의 설명을 길게 들어야 하는 자리, 연구 결과를 발표하는 자리라면 상황과 정보를 논리적으로 풀어서 설명하는 방식이 맞다. 반면 일상의 소통, 보고 현장이라면 상대의 마음을 살펴서 설명하고 사람들이 가장 기다리는 답을 가장 먼저 전달해주는 방식이 맞다. 우리는 '사람'과 대화하는 것이기 때문이다. '사람 마음'이라는 단어는 보고자들이 기억하고 새겨야 한다.

● **짧게 말하는 법 1. 상대가 궁금한 것에 대한 답부터 전달한다**

짧게 말하는 법은 문장의 첫머리에 상대방이 묻는 것을 답하는 것이다.

[상황 1] 행사는 잘 끝났나?

"네! 행사는 전체적으로 아주 잘 끝났습니다. 중간에 바람이 심하게 불고, 장비 오류가 있기는 했는데, 금방 적절하게 조치해서 아무 문제 없이 잘 끝났습니다."

⇨ 좋은 답변은 핵심을 말하고 설명을 이어간다.

[상황 2] 현재 진행 상황은 어때?
"계획대로 잘 진행되고 있습니다. 80% 이상 완료되었습니다. 현재 남은 이슈들은 ~ 입니다."

⇨ 상대방이 오래 기다리지 않게 바로 내용을 전달해줄 수 있는 화법이 중요하다. '사람의 마음'을 염두에 둔다면 상대가 기다리는 답을 전달하는 것이 좋다.

그런데 짧게 말할 때, 주의할 점이 있다. 짧게 말한다고 무조건 단답으로 끝내서는 안 된다.

"행사는 잘 끝났나?" ⇨ "네!"
"현재 진행 상황이 어때?" ⇨ "좋습니다."

이렇게 대답하는 것은 '귀찮으니까 말 시키지 마세요'와 같은 메시지로 받아들여진다. 짧게 대답을 해서 원하는 답을 얻게 했다면 부연 설명을 하는 것이 좋다.

● 짧게 말하는 법 2. 내용에 번호를 부여한다

짧게 말하기 위해 적용할 두 번째 화법은 번호 화법이다. 어떤 얘기를 할 때 먼저 번호를 매기는 것이다. 번호를 매겨서 얘기하면 상대 입장에서 내용의 정리가 쉬워진다.

- 관련 준비 사항은 크게 3가지 측면에서 준비하고 있습니다.
- 관련 프로세스는 5단계로써, 각 단계별로 말씀드리겠습니다.

이렇게 말하면 상대방은 '아, 보고할 내용이 3가지 측면이구나', '아, 5단계로 설명하겠구나'라고 내용을 이해할 수 있다. 만약 이런 내용에 번호를 매기지 않고 말하면 장황해지고, 상대 입장에서는 지금 어디까지 왔고, 앞으로 어디로 보고 내용이 진행될지 이해하기 어렵다.

또한 번호로 보고할 때 부가적으로 얻을 수 있는 효과가 있다. 우선 상대에게 보고자가 일의 순서를 알고 있음을 어필할 수 있다. 질문에 대해 '3단계로 준비하고 있습니다'와 같이 보고하는 순간에 상대방은 절차에 맞게 진행되고 있음을 파악할 수 있다. 또한 보고자가 전체를 파악한 상태에서 보고하고 있다는 인상을 줄 수 있다.

상사가 묻는다면, 우선 원하는 답을 얘기하라. 그리고 보고하는 내용에 번호를 매겨라. 그러면 보고가 훨씬 수월해지고, 상사도 만족스러워하는 결과를 얻을 수 있을 것이다.

배려 화법 :
언제나 분위기 좋게 말하는
박 과장의 비법

　　　　　같은 말이지만 상대 입장에서 수용이 쉽게 되는 말이 있다. 반면에 듣고 나면 기분 나빠지는 말이 있다.

　피터 드러커는 수용되게 말하는 능력을 갖춘 사람을 효과적인 지식 근로자라고 한다. 아첨이 아니라 상사가 받아들일 수 있는 형식을 갖추어 제시함으로써 상사의 강점을 활용해야 한다고 말한다. 그리고 효과적인 지식 근로자는 상사도 인간이라는 점을 알고 있어야 한다고 강조한다.

　따라서 말을 할 때 상사가 받아들일 수 있는 형식을 갖추는 것이 중요하다. 상사도 인간이기 때문이다. 그렇다면 어떻게 말하는 것이 좋을까? 다음에 제시된 문장을 바꿔보자.

"제 의견은 다릅니다."

"잘못 보신 겁니다. 꼭 그렇지는 않습니다."

"A부터 해야 합니다."

"이렇게 추진하겠습니다."

이 문장을 보면서, 본인의 입에 착착 달라붙을 정도로 편하게 느껴진다면 상당히 위험한 상태임을 알아야 한다. 이 문장들은 상사 입장에서 들으면 심기가 불편해지는, 은근히 기분 나빠지는 메시지들이기 때문이다. 이런 문장들을 상대 배려적으로 바꾸기 위해서 지켜야 할 원칙들이 있다.

● **같은 말이라도 의뢰형을 써라**

"여보, 재활용 쓰레기 좀 버려."

재활용 쓰레기를 버리려고 준비하고 있었는데 아내가 '버려'라고 말하면 감정이 상한다. 나가려던 마음을 접어 버리고 싶다.

그런데 이렇게 말하면 어떨까?

"여보, 피곤하겠지만 재활용 쓰레기 좀 버려줄 수 있어?"

이렇게 말하는 순간 "물론이지!"라는 말이 쉽게 나온다. 그리고 "음식물 쓰레기는 없어?"까지 묻게 된다. 사람은 누군가에게 지시받는 말투를 좋아하지 않는다. 사람은 의뢰형 문장, 자신의 의견을 묻는 문장을 좋아한다. 쓰레기 하나 버릴 때에도 지시형 문장이 아닌 '나의 의사'를 반영한 결정을 좋아한다면, 업무 현장에서 어떤 결정을 내리기 위한 상황에서의 마음도 두말할 나위 없다. 자기 결정권을 존중하는 의뢰형 문장은 상대의 수용성을 높인다.

보고할 때에도 의뢰형 문장을 사용해보자. 같은 내용이지만 말투가 훨씬 공손해지고, 상대의 수용성이 좋아질 것이다.

● **질문을 붙여라**

의뢰형으로 끝내기 어려운 상황이 있다. 어떤 상황에 대한 의견을 말하거나 본인의 주장을 말하는 경우 의뢰형으로 맺기가 어색하다. 하지만 이런 경우에도 상사의 메시지 수용성을 높이는 방법이 있다. 바로 마지막에 '질문'을 붙이는 것이다.

"금번 프로젝트는 A방식으로 하는 것이 좋겠다고 생각합니다"라고 끝나면 그다음 분위기가 애매해진다. 대화가 끊긴다. 하지만 마지막에 "어떠세요?"라고 짧게 질문을 붙이면 메시지의 내용을 전달함과 동시에 상대 결정권에 대한 인정을 보여준다. 나의 의견에 대해 어떻게 생각하는지, 그리고 상대의 생각을 듣고 반영하겠다는 표현이다.

어떤 메시지를 전달한 이후에 간단하게 질문을 붙이는 습관을 들여보자. 보고 상황의 어색함을 다소 줄일 수 있다.

● 쿠션 화법을 써보자

쿠션은 일상에서 충격을 덜어주는 역할을 한다. 충격을 흡수하고, 상황을 부드럽게 만들어준다. 대화에서 쿠션 화법이란, 상대방에게 충격을 주지 않고 메시지를 전달하는 방법을 말한다.

상사가 "이번 행사는 고객들이 직접 참여할 수 있는 방향으로 하자!"라고 의견을 제시했다. 이때 "제 생각은 다른데요!"라고 말하는 것은 상사를 바로 전투 모드로 돌입시키는 충격 화법이다. 이때 쿠션 화법인 Yes, But 화법을 사용한다면 메시지가 훨씬 부드러워진다.

"넵, 고객들이 참여하면 정말 좋을 것 같습니다. 그런데 고객들의 참여가 많아지면 거리 두기 등의 어려움이 있어 안전한 진행이 어려울 것 같습니다. 또한 사용 방법을 잘 모르는 고객들로 행사 진행에 지장이 초래될 위험도 있을 것 같습니다."

이렇게 말하면 같은 내용이지만 상사 입장에서는 수용성이 좋아질 수 있다. 고수는 여기서 한 발짝 더 나가서 'Yes, And'의 화법을 활용한다.

"넵, 고객들의 참여를 늘리면 분위기와 만족도에서 정말 좋을 것 같습니다. 그리고 행사 진행 시에 초점을 두어야 할 포인트로 적절한 거리 두기와 사용 방법에 대한 안내가 보완된다면 더욱 좋을 것 같습니다."

이처럼 같은 메시지라도 상대가 수용할 수 있도록 전달하는 것이 중요하다. 우리는 토론을 해서 상사를 이기는 게 목적이 아니다. 상사를 설득해서 일이 진행되게 하는 것이 목적이다. 그렇다면 상대방이 잘 수용할 수 있는 메시지의 코드를 이해하고 접목할 필요가 있다.

이런 관점에서 앞에서 나왔던 문장들을 다음과 같이 바꿔볼 수 있다.

- 제 의견은 다릅니다. ⇨ 이런 의견도 있지 않겠습니까?
- 잘못 보신 겁니다. 꼭 그렇지는 않습니다. ⇨ 다른 관점도 있더라고요. 이런 점도 있지 않을까요?
- A부터 해야 합니다. ⇨ A부터 진행하는 것이 좋은 것 같은데, 어떨까요?
- 이렇게 진행하겠습니다. ⇨ 이렇게 하는 것이 어떻겠습니까?

> **보고의 Tip**
>
> ### 미러링 효과와 'Yes, And' 화법
>
> 미러링 효과란 의도적으로 상대방의 표현, 태도를 따라 하는 것을 말한다. 연구 결과에 따르면 사람들은 자신과 유사한 사람에게 더 많은 호감과 친밀감을 느끼는 것으로 나타났다. 그렇다면 최고의 미러링은 뭘까? 바로 '의견'에 동의해주는 것이다. 자신의 생각을 수용해주는 것, 자신의 생각에 동의해주는 사람에게 더 높은 호감을 보이게 된다.
>
> 그런 점에서 'Yes, But' 화법에는 한계가 있다. But이라는 단어가 나오는 순간, 공통점보다는 차이점이 부각되고 다른 점에 초점을 두게 된다. 반면 'Yes, And' 화법은 차이점에 대한 강조가 아닌 보완적인 요소로 내용이 제시된다. 따라서 같은 말이라도 'Yes, But'보다는 'Yes, And' 화법을 사용하는 것이 보고나 협의를 할 때 더 좋은 이미지를 남길 수 있다.

보고, 자세가 내용보다 크게 들린다

"나를 존중히 여기는 자를 내가 존중히 여기고, 나를 멸시하는 자를 내가 경멸하리라." _《성경》

하느님도 그러한데 인간이라면 두말할 필요가 없다. 자신을 존중하는 사람이 좋고, 자신을 멸시하는 사람을 더 멸시해주고 싶다. 보고 현장에서 잊지 말아야 할 원리가 있다. '상사도 존중받고 싶다'라는 점이다.

"제가 언제 상사를 존중하지 않았나요? 제 마음을 못 보여드려서 그렇지, 제가 얼마나 존경하는지 아세요?"라고 말하고 싶은 사람들도 많을 것이다. 그런데 실은 우리의 마음을 보여줄 수 있다. 바로 보고의 자세를 통해서다. 상사를 존중한다는 것은 상사의 공간, 상사와의 거리, 상사의 말, 상사의 시간에 대한 우리의 모습으로 표현된다.

● **상사의 공간을 존중하자**

보고를 하러 가서 바로 자리에 앉는 것은 피해야 한다. 상사가 앉으라고 할 때 앉는 것이 좋다. 일반적으로 임원실, 팀장의 책상 앞은 상사의 공간이다. 때문에 상사의 허락을 받는 것이 좋다.

일반적으로 상사가 앉으라고 하기 전까지 두 손을 앞으로 모으고 있거나, 양손을 옆에 가지런히 두는 차려 자세가 좋다. 무의식적인 뒷짐은 피하는 것이 좋다.

● **상사의 거리를 존중하자**

보고를 할 때 상사의 옆으로 바로 가서 보고하는 것은 상사 입장에서 부담스럽다. 옆으로 오라고 하기 전에는 앞에서 보고하는 것이 좋다. 상사의 옆에서 보고하면 담배 냄새나 진한 화장품 냄새가 날 경우 상사도 부담스럽다. 일반적으로 보고할 때의 적절한 거리는 1.2~1.5m 사이가 좋다. 너무 멀지도 않고 너무 가깝지도 않은 거리다. 만약 이 거리보다 멀리 있으면 심리적으로 친밀감을 느끼기 어려워 부정적인 인식을 줄 수 있다. 그리고 주변 상황에 따라서 내용을 제대로 전달하기 어려울 수 있다.

반면 너무 가까운 거리(1.2m 이내)는 상대에게 초조함과 긴장감을 유발할 수 있다. 상대방도 당황스러울 수 있다. 따라서 아주 친밀한 사이가 아니라면

1.2m 안의 거리로 들어가지 않는 것이 좋다. 너무 멀지도 않고, 너무 가깝지도 않은 거리를 기억하고 보고할 때 활용하자.

● 상사의 말을 존중하자

상사의 말을 존중하는 것은 상사를 존중하는 가장 직접적인 표현이다. 그러면 상사의 말을 들을 때에도 존중하는 표시를 해주는 것이 좋다. 일반적으로 남성의 경청 능력은 여성에 비해 떨어진다고 한다. 따라서 남성이라면 경청을 위한 습관을 몸에 배도록 할 필요가 있다.

대표적으로 몸으로 상사의 말을 경청하고 있음을 보여주는 것이 좋다. 예를 들어 상사가 말을 할 때 몸을 약간 앞으로 기울이는 것은 주의 깊게 듣고 있음을 보여줄 수 있다. 또한 상사의 말에 짧은 대답이나 호응을 하는 것은 상사의 지시에 반응을 보이고 있음을 보여준다. 상사의 말을 꼼꼼히 메모하는 모습도 역시 상사의 말을 잘 듣고 있음을 보여주는 좋은 습관이라고 할 수 있다.

● 상사의 시간을 존중하자

상사도 우리와 같이 '사람'이라는 것을 인식한다면, 상사에게 보고할 때 피해야 할 시간들이 있다. 상사도 자신을 정비할 시간이 필요하다. 출근 직후,

점심식사 직전과 직후, 퇴근 직전은 가급적 보고를 피해야 할 시간이다. 이때 보고하러 가는 것은 '내 일은 중요하고, 당신의 상황은 중요하지 않다'는 비언어적 메시지를 전달하는 것으로 보일 수 있다. 상대의 시간을 존중하고, 상대의 상황을 존중하는 것, 이것이 상사 존중의 시작이다.

상대로부터 존중받는 가장 확실한 길은 상대를 존중하는 모습을 보이는 것이다. 존중의 습관을 익히자.

● **B.E.S.T. 화법 :**
   상대의 이해를 돕고, 상대의 마음을 열어주는 습관

B.E.S.T. 화법을 이해하게 되면, 상사의 말에 대한 솔루션이 보인다.

- "결론이 뭐야"라고 묻는 상사 ⇨ Big picture(큰 그림)의 접근이 필요하다. 이를 위해 P.R.E.P. 화법을 연습하자.

- "좀 알아듣게 말해"라고 묻는 상사 ⇨ Easy(쉽게)의 원칙이 필요하다. 상사의 눈높이를 고민하고, 상사를 따라 하는 접근이 필요하다.

- "왜 이리 장황해"라고 묻는 상사 ⇨ Short(짧게)의 원칙이 필요하다. 짧게 답을 하고, 번호를 매기는 화법을 통해 내용을 정리해주는 접근이 필요하다.

- "왜 기분 나쁘게 얘기해"라고 말하는 상사 ⇨ Trouble free(배려)의 원칙이 필요하다. 이를 위해 배려 화법과 상사를 배려하는 자세가 필요하다.

Big picture, Easy, Short한 접근을 한다면 상대방이 쉽게 이해할 수 있는 보고가 될 수 있다. Trouble free한 접근을 잊지 않는다면, 상대 입장에서 수용성이 좋은 보고를 할 수 있다.

보고는 습관이다. 상사가 이해하기 쉽게 해주고, 쉽게 수용할 수 있도록 하는 B.E.S.T. 화법 습관을 장착하자.

💬 상사가 갑자기 물어볼 때, 이렇게 말하면 망한다

일상적 보고는 부하직원이 무언가를 준비해서 상사에게 '일의 과정이나 결과를 말이나 글로 알림'이라는 형식으로 나타난다. 그런데 업무 현장에서는 준비되지 않은 상태에서 상사가 갑자기 물어보는 경우도 많다. 부하직원 입장에서 아는 것 없이, 준비 없이, 두서없이 보고하게 되는 상황이 생기는 것이다. 예를 들어보자.

[상황 1]
김 과장은 출장 관련 품의를 위해 본부장실에 들어갔다. 본부장님은 출장에 대해 이런저런 것을 묻더니, 갑자기 직원 복지 향상을 위해 어떤 제도를 시행하면 좋을지 물어본다. 갑작스러운 질문에 당황하다가 평상시 생각했던 대로 말이 입에서 튀어나왔다.
"급식 식당 업체를 교체하는 것이 어떨까 합니다. 밥이 맛이 없어서 회사 다닐 맛이 안

난다는 친구들이 있더라고요."

본부장님은 한심하다는 표정을 지으며 언성을 높인다.

"그 녀석들은 회사에 밥 먹으러 나오나?"

김 과장은 쩔쩔매다가 본부장실을 나왔다.

[상황 2]

박 과장은 회사에 일찍 출근하는 편이다. 아침에 사내 카페에서 커피를 마시는데 본부장님을 만났다. 갑자기 본부장님이 "연준 금리 인상이 내년도 사업 계획에 어떤 영향을 줄 것 같아?"라고 물어본다. 박 과장은 우물쭈물하다가 헛소리만 했다. 본부장님은 '뭔 말을 하는 거야'라는 얼굴로 쳐다본다. '아, 커피 마시러 나오는 게 아니었는데…' 후회막심이다.

이런 상황에서 제대로 보고하기는 쉽지 않다. 그러나 이때에도 기억할 점이 있다. '진짜 실력은 준비되지 않았을 때 드러난다는 것'이다. 그렇다면 이런 상황에서 어떻게 해야 최소한 기본은 할 수 있을까?

● 준비되지 않은 상황에서 피해야 할 모습

준비 없이 상사에게 보고해야 할 때 피해야 할 모습이 있다.

첫째, 최악은 허위 보고다. 일단 대충 말하고 보자는 심리, 위기를 대충 넘기려는 마음은 가장 참혹한 결과를 만들어낼 수 있다. 모르면, 모른다고 해라.

둘째, 횡설수설이다. 모르는 내용에 대해 답할 때 나타나는 일반적 모습이다. 주어와 술어가 맞지 않고, A라는 말로 시작해서 Z로 끝나는 상황이다. 이런 모습을 보이게 되면 기본적인 역량이 의심받게 된다.

셋째, 과도하게 긴장하거나 자신 없는 모습을 보이는 경우다. 너무 긴장해서 숨도 제대로 못쉬고, '음~, 쩝, 아~' 등의 습관어를 빈번하게 말하는 경우다. 또는 말을 하다가 한숨을 쉬거나 목소리가 기어들어가는 모습들이다.

● 준비되지 않은 상황에서 보고한다면, 최소 이 전략은 기억하자

- **기본 전략** 아는 것은 명확하고 정확하게 말하는 것이 중요하다. 입에서 나오는 대로 얘기하지 말자.
- **쉴드 전략** 확실하지 않은 것에 대해서는 솔직하게 '확실하지는 않지만, 50% 정도 확실한 내용이지만'과 같은 전제를 깔고 얘기하는 것도 좋다.
- **어필 전략** "필요하시다면, 조사해서 보고하겠습니다"와 같은 적극성을 어필하는 것이 좋은 전략이다.

앞에 언급했던 모습을 피하고 3가지 전략만 지킬 수 있어도 기본은 할 수 있다.

상사가 갑자기 물어볼 때, 능력자는 이렇게 말한다

상사가 갑작스럽게 물어볼 때, 실무자들은 당황하게 된다. 이런 경우 활용 가능한 프로세스가 있다. '상황 이해하기-스토리의 모델을 결정하기-흐름대로 말하기'다.

● 상황 이해하기 : '상사가 왜 물을까?'를 생각하라

상사가 무언가를 물어볼 때에는 크게 3가지의 상황이 있다.

첫째, 뭔가 말을 해주고 싶은 상황이다. 이런 경우는 상대의 의견을 묻는 것이 좋다.

둘째, 할 말이 없어서 가볍게 묻는 상황이다. 개그하자고 하는데, 다큐로 받으면 물어본 상사도 당황스럽다. 이때는 가볍게 받고 상대의 의견을 묻는 것이 좋다.

셋째, 진짜로 정보를 원하는 상황이다. 이런 경우에는 스토리의 모델을 짧게 생각하고 말하는 것이 좋다.

● **스토리의 모델을 결정하기**

　　일반적으로 말을 할 때, 쉽게 적용할 수 있는 스토리라인의 순서가 있다. 시간, 공간, ABC, 범위축, 시계추의 흐름으로 어떤 순서로 말을 할까에 대한 내용이다.

　　첫째, 시간 순서이다. 내용을 시간의 흐름에 맞춰서 메시지를 구성하는 것이다. 대표적으로 '과거-현재-미래, 작년-금년-내년, 1분기-2분기-3분기'와 같은 흐름이다. 가장 보편적으로 사용이 가능하고 일반적 의식의 흐름과 연결되기 때문에 말을 하기 쉽다. 유의점은 메시지의 범위에 맞게 시간 단위를 결정하고, 일반적으로 일관된 단위를 쓰는 것이 좋다.

　　둘째, 공간 순서이다. 장소와 관련하여 메시지를 얘기하는 방식이다. 예를 들어 '미국-중국-한국, 수도권-영남-기타'와 같이 장소를 언급하며 메시지를 전달하는 패턴이다.

셋째, ABC의 흐름이다. 3가지의 관점에서 메시지를 구성하는 방식으로 '고객-경쟁-자사, 문화-경제-사회, 장소-프로그램-비용'과 같이 3가지 요소로 설명하는 방식이다. 일반적으로 3이라는 숫자는 마력이 있다. 뭔가를 설명할 때 적지도 많지도 않은 분류의 축이다. 하나의 이슈에 대해 3가지로 설명하는 것이 익숙하면 다양한 관점을 제시하면서, 사려 깊은 인상을 줄 수 있다. 그래서 한 기획 전문가는 3이라는 숫자를 이렇게 평했다.

"단순한 것의 마지막이면서 복잡한 것의 시작인 숫자!"

나도 이 의견에 100% 동의한다.

넷째, 범위축의 흐름이다. 넓은 범위에서 좁은 범위로 또는 좁은 범위에서 넓은 범위로 화제를 변환해가는 흐름이다. 대표적인 것이 '거시적 관점-미시적 관점, 시장 전체-주요 참가자, 총론-각론'으로 얘기를 전개해가는 방식이다.

다섯 번째, 시계추의 흐름이다. '찬성-반대-중립, 진보-보수-중도, 정-반-합'의 흐름으로 설명해가는 방식으로 생각의 다양성을 보여줄 수 있다. 또한 양극단의 관점을 제시하고 자신의 입장을 설명하기에 합리적이고 객관적인 이미지를 어필하기에 유용하다.

● 스토리 모델의 활용

그렇다면 이런 모델을 활용해서 상사에게 보고하는 것을 연습해보자. 앞에서 언급했던 상황들이다.

질문 미국 연준의 금리 인상이 내년 사업 계획에 어떤 영향을 줄 것 같나?
답변 이런 경우에 활용할 수 있는 모델은 시간축, 시계추, ABC 모델의 활용이 가능할 것이다.

- 시간축을 활용할 경우 ⇨ "내년 연준의 금리 인상으로 단기적으로는 환율의 영향으로 매출에 ~한 영향을 미칠 것으로 보입니다. 중·장기적으로는 ~한 영향이 있을 것으로 생각됩니다."
- 시계추를 활용할 경우 ⇨ "내년 연준의 금리 인상은 긍정적 영향에서 ~이 있을 것으로 보입니다. 반면 부정적 영향으로는 ~한 점들이 있을 것 같습니다. 전체적으로는 회사에 ~할 것으로 판단됩니다."
- ABC 모델을 활용할 경우 ⇨ "내년 연준의 금리 인상은 우리 회사의 수출, 내수 판매, 원자재 공급 비용 관련 영향을 미칠 것으로 보입니다. 수출 측면에서는 ~합니다. 내수 판매 측면에서는 ~와 같은 점이 예상됩니다. 원자재 공급 측면에서는 ~할 것으로 보입니다."

또 다른 상황을 생각해보자. 상사가 갑자기 물었다. 급식 식당 업체 교체를 제안하는 것으로 예를 들어보자.

질문 직원의 복지 향상을 위해 어떤 제도를 시행하면 좋을까?
답변 이러한 것에는 활용할 수 있는 모델로 범위축을 생각해보자. 만약 범위축 모델을 활용한다면 직원 측면과 전사 측면으로 접근하는 것이 좋다.

"회사 급식 업체를 교체해서 음식의 수준을 높이는 게 필요할 것 같습니다. 현재 급식 수준에 불만을 느끼는 직원들이 외부에서 식사를 많이 하고 있습니다. 급식 업체의 수준이 높아진다면 직원들 입장에서는 업무 만족도에 긍정적 영향이 있고, 또 음식 비용을 줄일 수 있어 좋을 것 같습니다. 동시에 회사 입장에서는 업무 생산성 향상에 의미가 있을 것으로 보입니다. 직원들이 내부에서 식사하고 휴식을 취한 후에 오후 업무를 할 수 있기에 오후 업무 능률이 많이 올라갈 수 있을 것으로 보입니다."

스토리의 흐름을 만드는 방법을 활용할 수 있다면, 갑작스러운 상황에서도 크게 당황하지 않고 본인의 생각을 잘 전달할 수 있게 될 것이다.

〞 고수들의 보고법

　　　　　　요리를 못하는 사람은 식칼 하나로 요리를 한다. 모든 것을 다 식칼 하나로 자른다. 그런데 프로 요리사들은 사용하는 칼이 많다. 채소용, 과일용, 빵용, 고기용 등 다양한 칼을 활용한다. 강의 현장에서 만난 요리사는 14개의 칼을 쓴다고 말하기도 했다.

　보고도 마찬가지다. 고수가 된다는 것은 상황에 맞는 다양한 스토리의 모델을 갖고 있고, 메시지에 맞게 활용할 수 있는 것이다. 이번 장에서 소개하는 스토리의 모델을 이해하고 현장에서 활용한다면, 짧은 시간에 효과적으로 보고하는 프로의 풍모를 보일 수 있을 것이다.

● 제안 보고 화법 : What-Why-How

어떤 상황에 대해 보고하면서, 그것의 대안까지 제안할 때 유용한 화법이다. 상황(What)에서 바로 해결책(How)으로 넘어가는 것은 해결책의 논리성이 취약해진다는 단점이 있다. 이때 원인 분석(Why)이 함께 제시된다면 해결책이 더욱 설득력 있게 전달될 수 있다.

- What : 상황을 얘기함
- Why : 상황의 이유(원인)나 해결을 위한 조건(Key success factor)을 제시
- How : 이러한 이유에 대해 어떻게 적용할지에 대해 설명

예를 들어 상사가 이렇게 묻는다고 가정해보자.
"최근 아이스크림 시장 상황이 어때? 우리가 어떻게 적용해야 할까?"

이런 경우, 아이스크림 시장의 상황(What), 그 상황에 대한 시사점과 원인 분석(Why), 대응 방안(How)의 흐름으로 설명한다면 다음과 같은 보고가 가능해진다.

- What : "최근 아이스크림 관련 전체 시장의 매출 규모는 축소되고 있습니다. 그러나 A사의 매출이 크게 증가한 점이 눈에 뜨입니다."
- Why : "그 원인으로는 A사의 제품군 중 성인을 위한 고급 아이스크림의 매출 신장이 있습니다. 또 자연을 콘셉트화해서 건강한 아이스크림이라는 이미지를 구축한

것이 핵심으로 보입니다."

- How : "따라서 당사 제품군 중에서 ○○품목을 확대하고, 성인을 위한 제품을 출시하는 것이 좋을 것 같습니다. 그리고 건강에 대한 관심을 반영하여 제품을 개선하거나 신규 출시하는 것이 필요해 보입니다."

이렇게 보고할 수 있다면 전체의 논리 흐름이 명확하고, 상사도 쉽게 이해할 수 있는 보고 내용이 될 수 있다.

● 변화를 읽는 자 : C-I-M

변화와 관련된 보고를 하게 될 때가 많다. 비즈니스 현장에서 기회, 또는 문제라는 것은 언제나 변화와 연결되어 나타나기 때문이다. 이러한 변화를 가지고 메시지를 구성할 때는 C-I-M 화법의 흐름이 유용하다. 이 화법은 사회 트렌드를 가지고 그것이 업무, 조직, 회사에 어떤 영향을 주는지를 파악한다. 그리고 그러한 영향으로 인한 피해를 최소화하는 방안 또는 성과를 극대화하기 위한 방안으로 메시지를 보고하는 흐름이 된다.

- Change : 변화에 대해 얘기함
- Impact : 이러한 변화가 우리에게 미치는 영향에 대해 얘기함
- Modify : 이러한 변화에 대해 어떻게 대응해야 하는지를 얘기함

상사가 묻는다.

"최근의 경기 불황과 관련하여 우리 의류 사업부는 어떻게 대응해야 할까?"

이때 이렇게 메시지를 전개해보자.

- Change ⇨ "최근 경기 불황의 영향으로 여러 고객층 중에서 특히 30~40대의 의류 구입비가 감소하고 있다는 기사들을 많이 볼 수 있습니다."
- Impact ⇨ "이로 인해 당사 브랜드 중 30~40대를 중심으로 한 ○○브랜드의 매출 저하가 가장 클 것으로 보입니다. 그리고 현장 얘기를 들어보면 그런 징후가 꽤 보이고 있다고 합니다."
- Modify ⇨ "따라서 30~40대를 중심으로 한 ○○브랜드는 파격적인 이월 행사를 계획해보는 것이 좋을 것 같습니다. 또한 가격에 민감하게 반응할 것으로 보이기에 가성비 좋은 저가 브랜드를 론칭하는 것도 좋은 접근이 될 것으로 판단됩니다."

● 두괄식으로만 얘기해도 기본은 한다 : 결-근-방

상사의 성격이 급하거나 얘기를 오래 할 수 없는 상황이 있다. 또는 머리가 복잡해서 생각 정리가 잘 안 될 때가 있다. 이런 경우 그냥 나오는 대로 말하면 산으로 가는 보고를 하게 된다. 이때 생각을 쉽게 정리할 수 있는 보고 화법으로 '결-근-방'의 흐름이 있다.

'결-근-방'이란 결론, 근거, 방법의 흐름으로 보고하는 것이다. 메시지를 쉽게 이해시키는 장점이 있으나, 상황에 따라서는 다소 무례하게 비칠 수 있는 가능성도 있다. 따라서 '결-근-방'으로 말할 때에는 다소 공손하게 말하는 모습이 중요하다.

- 결론 : 메시지의 결론을 제시한다.
- 근거 : 결론의 근거를 제시한다.
- 방법 : 결론을 구체적으로 어떻게 해야 하는지, 방안을 제시한다.

상사가 묻는다.
"매장의 매출 확대를 위해 어떻게 해야 할까?"
이에 대해 어떻게 보고하는 것이 좋을까?

- 결론 ⇨ "매출 확대를 위해서는 고객이 쉽게 들어올 수 있는 점포를 만들어야 합니다."
- 근거 ⇨ "인근의 경쟁점인 A사와 비교할 때 실은 객단가나 구매 성사율은 큰 차이를 보이지 않습니다. 반면, A사는 방문 고객이 많아서 저희 매장보다 월등히 높은 매출을 보이고 있습니다. 또한 무료 카페를 도입한 타 지점의 매출이 많이 신장되었습니다."
- 방법 ⇨ "따라서 고객들의 유입을 높이기 위해 체험 서비스 항목을 확대하고, 고객이 쉴 수 있는 공간, 편하게 들어올 수 있는 공간을 마련하는 것이 필요합니다. 또한 당분간 인사 강화 캠페인을 통해 고객에게 친절한 매장의 분위기를 만들어보는 것이 좋겠습니다."

이러한 화법(What-Why-How, C-I-M, 결-근-방)과 앞에서 배웠던 화법(구름-비-우산, P.R.E.P.) 등을 적절히 활용할 수 있다면 언제든 프로다운 보고를 할 수 있게 될 것이다.

실전 보고 연습

요리를 잘한다는 것은 요리의 레시피가 익숙하다는 것이다. 마찬가지로 보고할 때 말을 잘한다는 것은 보고의 스토리라인이 익숙하다는 것이다. 그래서 상황에 맞게 순서대로 내용을 말할 수 있다. 이것만으로 프로처럼 메시지를 전달할 수 있다. 정말 그렇게 되는지, 한번 연습해보자.

다음과 같은 질문들을 받았다면 어떻게 보고할까?

"내년도 영업 2팀의 주요 계획은 어떻게 되나?"
"중국 성장 둔화에 따른 영향과 대응은 어떻게 되나?"
"어제 컨퍼런스 다녀왔다면서, 특별히 보고할 것은 없나?"

이런 상사의 질문에 대해 어떻게 답을 할까?

다음의 설명을 보기 전에, 한번 생각을 정리하고 혼잣말로라도 보고하는 연습을 해보자. 제시된 스토리라인의 흐름이 자신의 생각과 맞았는지 비교해보자. 그리고 빈칸으로 되어 있는 곳에 본인의 사례를 넣는다면, 훌륭한 현장 보고가 될 수 있다.

● **사례 1. 내년도 영업 2팀의 주요 계획은 어떻게 되나?**

이 질문에 대해 답을 하면 좋을까? 만약 답하는 사람 입장에서 성과가 좋은 경우라면 금년도 성과를 가지고 말을 풀어가는 것이 좋을 것이다. 그렇다면 'What-Why-How 화법'이 좋다.

- What(금년의 성과) ⇨ "금년 성과가 _____% 향상되어 계획보다 훨씬 좋은 결과가 나왔습니다."
- Why(성과의 이유) ⇨ "금년 성과가 좋은 이유는 _____ 한 점과 _____ 한 점이었습니다."
- How(계획의 내용) ⇨ "따라서 내년에는 금년도의 _____ 한 점과 _____ 한 점을 잘 살리고 향상시켜서 좋은 성과를 계속 이어가도록 하겠습니다."

반면 초점을 금년도 성과보다는 내년의 큰 변화로 두고 싶다. 금년 성과가 좋지 않거나, 내년에 큰 변화가 예상되는 상황일 것이다. 이 경우 'C-I-M 화법'을 활용하는 것이 바람직하다.

- C(변화) ⇨ "내년 사업 환경에서는 ＿＿＿ 한 변화와 ＿＿＿ 한 트렌드가 예상됩니다."
- I(영향) ⇨ "이로 인해 ＿＿＿ 한 영향이 예상됩니다."
- M(대응) ⇨ "이에 대한 영향을 최소화하고, 안정되게 사업을 확대하기 위해 ＿＿＿ 하는 것이 필요하다고 판단하고 계획을 수립하였습니다."

● **사례 2. 중국 성장 둔화에 따른 영향과 대응은 어떻게 되나?**

이 질문에 대해 만약 변화에 초점을 두어서 설명한다면 어떤 방법이 좋을까? 바로 'C-I-M 화법'이다. 이 경우 스토리는 이렇게 전개될 것이다.

- C(변화) ⇨ "최근 중국의 성장률은 ＿＿＿ 한 추세를 보이고 있습니다. 금년은 ＿＿＿ 으로 전망됩니다."
- I(영향) ⇨ "이로 인한 우리 회사에 대한 영향은 수출 측면에서 ＿＿＿ 한 점이 예상되고, 동시에 ＿＿＿ 한 점의 사항들이 예상됩니다."
- M(대응) ⇨ "이에 대한 대응으로는 ＿＿＿ 한 방법으로 부정적 영향을 최소화하고, ＿＿＿ 을 통해 적극적 활로를 모색해야 합니다."

만약 대응 방안(방법)에 중점을 두어 말하고 싶다면 '결-근-방'의 흐름도 좋은 대안이 될 수 있다.

- 결론 ⇨ "중국 성장 둔화가 예상될수록, 적극적 대응으로 판매를 확대해야 합니다."
- 근거 ⇨ "작년 중국 시장에서 성공적 결과를 거두었던 업체들의 특징은 ____, ____, ____ 한 점을 뽑을 수 있습니다. 특히, ____ 사, ____ 사들은 최고의 실적을 거두었던 것으로 확인됩니다."
- 방법 ⇨ "따라서 당사도 ____ 방법, ____ 한 방법 등을 통해 새롭게 접근하는 것이 필요하며, 이를 통해 새로운 체질 개선도 가능할 것으로 보입니다."

● **사례 3. 어제 컨퍼런스 다녀왔다며, 특별히 보고할 것 없나?**

이런 상황에서 보고할 때 유용한 것은 '구름-비-우산 화법'이다. 정보 보고를 할 때는 이 화법을 적극 활용해보자.

- 구름(사실) ⇨ "어제 컨퍼런스의 주요 내용은 크게 2가지로 ____ 한 점과 ____ 한 점입니다."
- 비(판단) ⇨ "이러한 내용들은 ____ 한 의미가 있는 것으로 보이며, 저희 회사에 ____ 한 영향이 있을 것으로 전망됩니다."
- 우산(제안) ⇨ "따라서 이러한 것들을 대응하기 위해서 ____ 점과 ____ 한 점의 준

비와 접근이 필요할 것으로 보입니다."

매일 현장에서 만나게 되는 보고 상황, 그 상황에 맞는 보고의 스토리를 짧게라도 고민해보고 적용할 수 있다면, 날마다 보고의 수준을 향상할 수 있게 될 것이다. 학생은 학교에서 성장하지만, 프로는 현장에서 성장하는 법이다.

배회 경영 보고

'3현주의'라는 말이 있다. '현장에서, 현물을 보고, 현상을 접하라'는 것이다. 리더들에게 3현주의의 실천은 책상이 아닌 현장의 내용을 직접 눈으로 확인하고 빠르게 대응할 수 있는 원칙이 된다. 그래서 나온 말이 배회 경영(Management by Wandering Around, MBWA)이다. 실제로 현장을 배회하면서 현장에서 소통하고, 현장의 의사결정을 지원하고, 현장과 리더들의 목표를 공유할 수 있다는 점에서 많은 리더가 현장을 찾는다.

그런데 이런 리더들의 의도와 노력에도 불구하고 부하직원들에게 이런 배회 경영이 부담스럽다. 특별히 리더들의 질문은 더욱 난감하다.

일단, 갑자기 물어본다. 예상하지 못한 상황이다. 또 해석이 헷갈린다. "허심탄회하게 얘기해봐!"라는 경영진의 말에 진짜 허심탄회하게 얘기해도 되는지 고민된다. 상대의 직급이 너무 높기에, 나의 상사들과 협의가 안 된 내용을 말했다가는 불호령이 떨어지는 계기가 될 수도 있다. 그래서 현장 담당자들의 전략은 항상 똑같다.

"짧게, 가볍게, 두루뭉술하게!"

예를 들어보자. 배회 경영 현장에서 상사들이 어떤 질문들을 주로 던질까? 대표적으로 이런 질문이 있다.

"김 과장, 요즘 어때?"

"김 과장, 어떻게 지내?"

"김 과장, 하는 일은 잘 돼?"

"팀 분위기는 어때?"

"상황이 어때?"

그러면 일반적인 김 과장의 답은 이렇다.

Q) "요즘 어때?" ⇨ A) "잘 지내고 있습니다."

Q) 어떻게 지내? ⇨ A) "잘 지내고 있습니다."

Q) 하는 일은 잘 돼? ⇨ A) "잘 되고 있습니다."

Q) 팀 분위기는 어때? ⇨ A) "분위기는 괜찮습니다."

Q) 상황이 어때? ⇨ A) "좋습니다."

이런 배회 경영이 이뤄진다는 것은 상사에게 현장의 목소리가 전달되지 않는다는 점, 또 현장에서 바로 결정하고 지원해준다는 배회 경영의 취지가 훼손되는 점에서 바람직하지 않다. 동시에 담당자 입장에서도 자신의 일을 어필하고, 또 문제 해결을 위한 경영진의 지원을 받을 수 있는 절호의 기회를 놓친다는 점에서 안타까운 상황이 되고 만다. 그렇다면 어떻게 하면 좋을까?

● **숨겨진 질문을 읽으면 기회가 열린다**

배회 경영 현장에서 자신의 역량과 하는 일을 널리 알릴 수 있는 기회를 만드는 사람은 경영진의 질문을 적극적으로 듣는 사람이다. 경영진이 "요즘 어때?"라고 묻는다면, 진짜 요즘 당신의 컨디션을 묻는 게 아니다. 물론 경영진도 할 말이 없는 상황에서 인사말로 한 것일 수 있지만, 더 관심 있는 것은 "요즘 하는 업무가 뭐야? 좋은 거 없어?"라는 내용일 것이다. 이렇다면 답변의 방향성을 수행 업무 보고로 잡아보자.

"요즘 업무 효율화를 위해 ○○한 업무를 하고 있습니다. 현재 중간 정도까지 완료했습니다. 좋은 결과가 있도록 지속적으로 노력하겠습니다."

"어떻게 지내?"라고 묻는다면 '지시한 건 잘 되고 있어? 어떻게 하고 있어?'와 같은 내용으로 묻는 것이다. 이때는 업무 진행 보고로 방향을 잡아보자.

"요즘 말씀해주신 ○○프로젝트를 열심히 진행하고 있습니다. 관련 클라이언트와 어려운 협의를 성공적으로 마쳤습니다. 현재 80% 진행 중이고 아마 좋은 결과로 이어질 것 같습니다. 성과가 나오는 대로 보고하겠습니다."

"하는 일은 잘 돼?"라고 묻는다면 '도와줄 것은 없어? 문제는 없어?'와 같은 내용으로 해석할 수 있다. 물론 이때는 "잘 되고 있습니다"라는 시원시원한 대답이 좋을 수도 있다. 하지만 현장에서 지원이 필요한 것이 있다면 기회를 놓치지 말고 '지원이나 요청을 받기 위한 보고'를 하는 것도 좋다.

"현재 ○○프로젝트를 위해 직원들이 몇 주째 야근을 불사하고 일을 진행하고 있습니다. 현재 어려운 공정들은 거의 마치고 마무리 단계입니다. 전무님께서 직원들을 격려해 주시면, 아마 더 힘을 내서 잘 마무리할 것 같습니다."

이러한 방향성은 꼭 배회 경영에서 보고할 때만 적용되는 것은 아니다. 만약 상사가 지나는 길에 또는 엘리베이터에서 질문을 한다면, 자신의 일과 업무 마인드를 보여줄 수 있는 기회로 만드는 방법으로 활용할 수 있다. 프로라면 기회를 놓치지 말아야 한다.

PART 4

전략적 이메일 보고, 업무의 성과를 두 배로 남긴다

코로나19 팬데믹의 영향으로 사람과 직접 대면하지 않는 언택트 업무가 일상화되었다. 그에 따라 이메일이 가장 많이 사용되는 업무의 수단으로 자리 잡고 있다. 메신저나 여러 협업 툴 등 다양한 수단이 나오고 있지만 메시지 준비 방식과 전달의 원리에서 기본적으로 이메일의 문법과 크게 다르지 않다. 능력 있는 사람은 항상 메시지를 효과적으로 명확하게 전달하면서, 동시에 상대에게 긍정적인 이미지를 남긴다.

먼저 이메일을 통한 보고법을 익혀보자. 그리고 이메일의 보고 요령이 익숙해지면, 이것을 기반으로 최근의 업무 툴에 적용하는 방법으로 확장해보자.

현장에서 상대방을 기절시키는 이메일이 있다. 보는 순간, 바로 닫아버리게 만드는 이메일이다. 그런 이메일은 보통 상대방에게 이런 말을 듣게 된다.

"이거 왜 나한테 보냈어?"
"왜 이렇게 무례해?"
"바빠 죽겠는데 뭐라는 거야?"
"나보고 어쩌라고?"
"뭐? 그런 말이 있었어?"
"왜 이렇게 실수가 많아?"
"이런 것을 이메일로 보내도 돼?"

만약 당신의 이메일이 이런 상대방의 말을 듣고 있다면, 당신의 이메일 보고는 실패로 이어지게 된다.

그러면 어떻게 이메일을 쓸 것인가? 하나씩 살펴보자.

능력자의 이메일 보고는 '적절성'을 고려한다

이메일 보고의 프로가 되기 위해서는 적절성과 6가지 기본 요소를 기억할 필요가 있다. 적절성은 이메일의 타이밍과 메시지 전달의 매체로 이메일이 효과적인가라는 사항과 연결된다. 이메일의 기본 6가지 요소는 이메일을 효과적으로 작성하기 위해 필수적인 것들로, 그 의미와 용법을 제대로 이해하면 이메일 작성이 섬세하고 명쾌해질 수 있다. 우선 적절성부터 살펴보자.

● **적절성은 우선 타이밍의 적절성이다**

이메일의 타이밍이 적절한가? 일을 잘하는 사람은 이메일의 타이밍이 명확하다. 몇 가지 상황에 맞는 규칙을 익히고 활용해보자.

- **회신의 타이밍** 이메일의 회신은 늦어도 8시간 이내에 보내야 한다. 다시 말하면, 오늘 받은 이메일에 대한 회신은 오늘 해야 한다. 만약 자료를 준비하느라 시간이 많이 걸릴 것으로 생각된다면 이메일을 잘 받았다는 것, 그리고 언제까지 회신을 주겠다는 답을 보내야 한다.

- **처음 만난 사람에게 보내는 이메일** 회의, 업무로 사람을 만나게 되었다면 꼭 상대보다 먼저 보내라. 상대보다 먼저 보내는 것은 생색이 난다. 먼저 인사해라.

- **회의 결과 이메일** 회의 결과 이메일은 늦어도 회의가 끝난 이후 24시간을 넘기지 말아야 한다. 24시간을 넘기는 회의 이메일은 모두의 기억 속에서 희미해지고, 중요도도 약해진다.

- **오전에 보낼 이메일** 오전에 보낼 이메일은 키워드가 있다. 상대의 회신이 필요한 것, 상대에게 업무를 지시하는 것이다. 상대방에게 일을 시키거나 도움이 필요한 이메일이라면 상대방 자신의 업무 계획에 넣을 수 있도록 오전에 보내야 한다. 퇴근 전에 받게 되는 요청 이메일, 지시 이메일이 달가운 사람은 없다.

- **언제 보내도 무관한 이메일** 단순히 정보를 공유하는 이메일이라면, 굳이 오전에 보내지 않아도 된다.

중요한 점은 이메일의 타이밍이 업무 능력과 업무에 대한 마인드를 보여준다는 점이다. 이메일의 타이밍을 관리하자.

● 적절성은 매체의 적설성이다

메시지란 콘텐츠와 전달 방식을 말한다. 즉 전달 방식 자체가 메시지에 영향을 미친다. 따라서 이메일로 보내도 무방한 내용이 있다. 반면 이메일로 보낼 경우 본전도 못 건지는 상황이 있다. 예를 들어 다음과 같은 이메일을 생각해보자.

김 대리, 이번 주 내내 연속 4일 지각. 한 번 더 지각한다면 책상을 빼겠음
일 정말 이따위로 할 거야?
-팀장-

이런 이메일은 작성자의 목적을 제대로 달성하지 못할 가능성이 크다. 왜냐하면 상대 입장에서는 작성자의 정서를 과대하게 해석하거나 과소하게 해석할 가능성이 있기 때문이다. 만약 과소하게 해석한다면 작성자인 팀장의

마음을 제대로 파악하지 못하고, '뻥치시네'라고 코웃음 치며 넘길 가능성이 있다.

그렇다면 이런 이메일은 어떨까?

이 대리, 많이 도와줘서 고마워.
그런데 이 대리 팀의 김 차장은 왜 그래? 사람이 좀 많이 괴팍하던데….
-김 대리-

이런 이메일을 보낼 경우, 이 대리가 김 대리를 한 방에 보낼 수 있다. 미친 척하고, 김 차장에게 전송하면 된다. 그리고는 "그게 왜 갔을까?"라고 발을 뺄 수 있다. 비방, 비밀 등의 내용은 누출의 위험이 높기 때문에 이메일로 보내기 적절하지 않다.

이 외에도 복잡하거나 긴 내용은 이메일로 부적절하다. 보통 수신자가 이메일을 읽는 시간은 1분 이내다. 이메일을 프린트해서 읽는 사람이 많지 않다. 따라서 복잡하거나 긴 내용을 보낼 경우 상대방은 내용을 제대로 이해하지 못하고 이메일을 닫아버리게 될 가능성이 크다.

또한 진지한 내용도 이메일로 보내기에 적합하지 않다. 진짜 진지한 내용이라면 이메일보다는 미팅이나, 등기, 내용증명 등의 방식이 훨씬 효과적이다. 즉 이메일을 쓰기 전에 '이 내용이 이메일로 보내도 적절한가(Appropriate)'를 스스로 묻고 확인할 필요가 있다. 적절한 시간, 적절한 방식을 고민하는 것만으로도 불필요한 오해와 사고를 줄일 수 있다.

전략적 이메일은
6요소를 고려한다

업무 현장에서 비즈니스 이메일을 쓸 때 잘 쓰고 있는 것인지, 맞게 쓰고 있는 것인지 궁금할 때가 많다. 학생 때부터 써온 방식 그대로 쓰고 있다면 결코 수준 높은 이메일이 되기는 어렵다. 업무 현장의 이메일은 '관계의 언어'가 아닌 '일의 언어'를 담아내야 하기 때문이다.

본인의 이메일 작성 실력을 확인하기 위해 다음의 사례를 살펴보자. 업무 현장에서 미팅 이후에 다음과 같이 보고한 이메일에는 어떤 오류가 있을까?

수신	유비 팀장, 홍길동 괴장, 장비 차장, 강서해 사원, 김동해 주임
제목	미팅 관련 보고

팀장님, 어제 있었던 시현사와의 미팅 결과를 보고 드립니다.
- 일시 : 20○○년 ○월 ○일 13:00~16:00
- 장소 : ABC사 사장실
- 참석인원 : (ABC사) CEO Edward Kim / G.MGR 임꺽정, (신바람 무역) 김지원 대리
- 방문 목적 : 현재 문제로 불거진 입금 지연 관련
- Meeting 내용

■ ABC사 :
- 신바람 무역 측의 협조에 감사, 지난 번 대표님의 환대에 감사
- 현재 ABC사 측의 입금(제품 대금 10억 원)이 지연되고 있는 점에 대해서는 유감임
- 현재 ABC사 측 거래처들로부터 대금 회수가 지연되고 있고, 은행에서 최근 대출규정을 까다롭게 하고 있기 때문에 일시적으로 자금이 묶여 있음
- 관련하여, 신바람 무역 측의 이해를 요구함

■ 신바람무역
- 이제까지 문제 없이 거래를 해온 점에 대해 감사
- 입금 지연으로 인해 발생하고 있는 신바람 무역 측의 문제 설명
- 정확한 입금 가능 일자 통지 요청
- 쌍방 간의 신의성실 관계를 계속 유지해줄 것을 부탁

_영업2팀 김지원 대리 배상

이 이메일에서 오류가 5개 이상 보인다면, 당신은 이메일을 잘 쓰는 사람이다. 만약 오류가 전혀 보이지 않는다면, 당신의 이메일은 효과가 낮고 수신인에게 일을 못한다는 인상을 줄 가능성이 크다.

그렇다면 어떤 점들이 잘못되었을까? 이것을 이해하기 위해서는 이메일의 6요소를 제대로 이해할 필요가 있다.

● 전략적 이메일의 6요소

이메일의 내용을 효과적으로 작성하기 위해서는 비즈니스 이메일의 6가지 구성 요소를 제대로 이해할 필요가 있다. 이러한 요소들을 섬세하게 활용할 수 있다면 당신의 이메일은 좀 더 명확해지고, 효과적으로 전달될 수 있다.

- 수신인 정보
- 제목
- 인사말 /도입부
- 본문
- 끝인사/추신
- 서명

학생일 때나 사적으로 이메일을 쓸 때, 이런 요소들은 크게 중요하지 않다.

그때는 그저 생각나는 대로, 의식의 흐름대로 써도 된다. 그리고 그런 것이 친구 사이의 언어 표현 방식이다. 그러나 업무 현장에서 민감한 사항을 섬세하게 전달하기 위해서는 이러한 요소의 의미와 용법을 제대로 이해해야 한다.

이러한 6요소는 영문 이메일에서도 동일하게 적용된다.

비즈니스 현장에서 작성하는 영문 이메일의 6가지 요소

- Receiver(To / Cc / Bcc)
- Subject
- Greeting(Salutation)
- Body
- Closing(Goodwill)
- Signature

국문 이메일의 내용을 제대로 이해하고 효과적으로 작성할 수 있다면 영문 이메일 역시 잘 쓸 수 있는 것이다. 이제, 6요소에 대해 하나씩 살펴보자.

수신인:
누구에게, 어떻게 말하는가

이메일의 첫 번째 요소는 누구에게 전달되는가, 즉 수신인을 결정하는 일이다. 이 수신인은 수신(To), 참조(Cc: Carbon copy), 비밀참조(Bcc: Blind carbon copy)의 3가지가 있다.

● **어디에 이름이 있는가에 따라 작성자가 요청하는 것이 다르다**

수신인에게는 '메시지에 따라 행동해줄 것'을 요청한다. 이메일 작성의 목적에 가장 밀접한 관계를 갖는 대상이다. 참조인에게는 '메시지를 아셨으면 좋겠습니다'라는 것을 요청한다. 내용을 인지하고 지금 이런 일이 진행되고 있는 것을 알고 있어 달라는 의미다.

비밀참조에 넣는다면 '메시지를 알고 계시되, 비밀로 해주세요'라는 의미다. 어려운 게 1도 없다. 그런데 이런 수신, 참조, 비밀참조의 내용이 현장에 들어가면 그 메시지가 굉장히 섬세해지고 복잡해진다. 예를 들어보자.

수신: A, 참조: B, 비밀참조: C
"사랑해! 내일 꼭 만나고 싶어!"

이렇게 이메일을 보냈을 때 A, B, C에게 하는 작성자의 메시지는 전혀 다르다. 누구를 사랑하고 있을까? 당연히 A다. B에게 부탁하는 것은 무엇일까? 아마도 '내일 A를 만날 거니까 알고 있어. 그리고 나는 A를 사랑하고 있어'라는 메시지다. C에게는 무엇을 말하는 것일까? '실은 너를 사랑해!'로 해석하는 사람도 가끔 있기는 하다. 하지만 가장 현실적인 해석은 '내일 A를 만날 건데, 모르는 척하고 후방 지원을 좀 해줘'라는 부탁으로 읽힐 수 있다.

반면에 이런 이메일은 어떤 의미가 될까?

수신 : A, B, C
"사랑해! 내일 꼭 만나고 싶어!"

이 경우 '아무나 좋으니, 하나만 걸려라!'는 의미 또는 '사랑하는 친구들아, 내일 우리 만나자'와 같은 의미로 해석될 수 있다. 중요한 점은 두 이메일이 같은 내용이고, 같은 사람들이 받는다는 것이다. 그러나 수신인란을 어떻게 정리하느냐에 따라 메시지가 완전히 달라진다. 수신인란을 사용하는 방식, 이것이 하나의 메시지가 된다.

● 현장 사례로 생각해보자

이 과장은 김 대리로부터 팀 전체의 프로젝트 진행을 위한 이메일을 받았다. 김 대리는 이번 프로젝트와 관련 있는 사람들을 수신인으로 해서 이메일을 보냈다. 그런데 수신인란을 보니 이메일을 받지 않아도 되는 지난 달에 다른 부서로 옮긴 박 대리가 있다. 현재 전혀 다른 업무를 하고 있는, 박 대리와 이번 프로젝트의 연관성이 있는 것인지, 또는 이 과장이 모르는 박 대리와의 협력 관계가 있는지 궁금하다.

이 과장은 '왜 박 대리가 이메일을 받고 있나요?'라는 이메일을 보낼 예정이다. 이때 수신인란을 어떻게 적어야 할까? 그리고 그 의미는 뭘까? 이런 경우 이 과장이 수신인란을 정할 수 있는 방법은 4가지 안이 있다.

1안 : 전체 회신

2안 : 김 대리 회신, 전체 참조

3안 : 김 대리 회신, 팀장 비밀참조

4안 : 김 대리 회신

현장에서 자신이 이 과장이라고 생각한다면, 어떤 방법을 선택할지 생각해 보자. 중요한 것은 어떤 방법을 선택하더라도 나름 메시지가 있다는 것이다. 안에 따른 메시지는 다음과 같다.

- 1안 : 전체 회신을 선택한 경우
⇨ 왜 박 대리가 김 대리 이메일을 받고 있지? 내가 모르는 게 있는 건가? 아무나 그 이유를 알고 있는 사람이 알려줘!

- 2안 : 김 대리 회신, 전체 참조
⇨ 김 대리, 왜 박 대리가 이메일을 받고 있지? 김 대리가 알려주고, 다른 사람은 김 대리 회신에 따라 추후에는 수신인란 재조정해!

- 3안 : 김 대리 회신, 팀장 비밀참조
⇨ 김 대리, 왜 박 대리를 수신인에 넣었는지 이유 좀 알려줘.
(팀장님, 김 대리가 실수를 했네요. 제가 짚어줄 예정이니, 팀장님은 이런 일이 있었구나라고 알고 계시면 됩니다.)

- 4안 : 김 대리 회신
⇨ 김 대리, 왜 박 대리가 이메일을 받고 있지? 김 대리가 알려주고, 만약 실수면 빨리 팀원 전체에게 조치해.

이러한 4가지 방법 중에서 뭐가 '정답이다!'라고 말하기는 쉽지 않다. 상황과 맥락을 잘 모르기 때문이다. 그러나 수신인란을 어떻게 쓰는가에 따라서 메시지가 완전히 달라진다는 것은 잘 이해할 수 있다. 이메일의 수신인란을 어떻게 쓰는가! 이에 따라 이메일의 해석이 달라진다는 점을 기억하자.

수신인란 관련, 현장 Q&A

Q. 비밀참조는 언제 쓰면 좋을까요?

A. 비밀참조는 중요한 원칙이 있다. 외부와의 이메일 교신에는 긍정적 의미가 크지만 내부에 보내는 이메일에서 쓸 경우 불필요한 비밀을 양산한다는 점이다. 자꾸 다른 사람에게 '이건 너만 알고 있어!'라고 말하고 다니는 것과 같다. 팀 내에서는 지양하는 것이 바람직하다.

그러나 외부로 입찰에 대한 안내를 보내는 것 같이 받는 사람들이 상호 누구인지 모르는 것이 좋을 경우, 또는 거래처와의 교신 내용을 상사에게 지속적으로 보고해야 할 경우는 굉장히 유용하게 활용될 수 있다. 상사가 알고 있는 것이 좋은데, 거래처 사람들에게 상사에게 이 내용이 보고된 것임을 공식적으로 알리고 싶지 않을 때에는 비밀참조의 기능이 유용하다.

Q. 참조를 쓸 때 주의할 점은 무엇일까요?

A. 참조를 잘못 활용하는 경우가 많다. 대표적인 게 무분별한 참조 설정이다. 그냥 무조건 많은 사람을 참조로 넣고 있다면, 이런 사람은 다른 사람의 업무를 방해하는 습관이 있는 것이다. 참조에 넣는 의미를 내가 보고하는 것이라

고 생각하면 참조 설정이 쉬워진다. 상대의 이름을 넣을지 말지 고민된다면, '내가 이것을 이 사람에게 보고해야 하는가?'라고 질문해보라. 만약 보고할 필요가 없다면 빼는 것이 답이다.

특히 외국계 임원들 중에는 본인의 이름을 자꾸 참조에 넣는 이메일을 부담스러워하는 사람들이 많다. 왜냐하면 본인의 이름이 참조에 있다는 것은 해당 내용을 인지하고 있었다는 근거로 남게 되고 이후 책임에서 벗어나기 어렵기 때문이다.

Q. 전체 회신의 단점은 무엇인가요?

A. 무분별한 전체 회신이 일상화된 조직은 많은 이메일이 오고 가기에 소통이 잘 되는 것처럼 보이나, 실상은 전혀 소통이 되지 않는 모습이다. 효율성이 낮은 조직이다. 습관적 전체 회신은 조직 내에서 불필요한 이메일이 많아지고 이는 시간 낭비를 초래한다. 또한 회신율이 떨어진다. 모두의 일은 누구의 일도 아니다. 나 말고도 10명의 이름이 쓰여 있는 상황에서 먼저 나서서 일을 해줄 천사는 별로 없다. 그래서 일도 잘 진행되지 않는다.

> # 제목 :
> # 상대에게 핵심을 전달하는
> # 한 줄의 가치

이메일의 내용은 열어보게 하는 게 중요하다. 그런 점에서 제목은 의미를 갖는다. 대부분의 사람은 이메일의 제목을 보고 읽을지 말지를 결정한다. 특히 요즘과 같이 스팸메일이 하루에도 수십 통씩 오는 상황에서 제목을 잘못 쓴 이메일이 살아남기를 바라는 것은 욕심이다. 그런 점에서 너무 짧거나 내용을 이해할 수 없는 이메일의 제목은 '죄목'이다.

예산 관련

보고서

협의 드립니다

홍길동입니다

협의의 건: 좋은 봄날입니다

이런 류의 이메일 제목은 무가치하다. 가끔 이메일 제목에 본인의 이름을 써넣는 사람이 있다. 이런 경우는 작성자의 입장에서 '나 이런 사람이야!'라고 말하는 것과 같다. 상대 입장에서는 약간 뜬금없는 또는 무례하게 해석될 수 있다.

● **이메일 제목은 구체적으로 써라**

이메일의 제목만 보고도 어떤 내용인지 짐작할 수 있게 써보자. 상대방이 정말 바빠서 제목만 보더라도 핵심을 놓치지 않게 쓸 수 있다면 최고다. 이런 점에서 앞의 이메일 제목들은 이렇게 고치는 게 좋다.

예산 관련 ⇨ 영업 지원비 예산 25% 인상 기획안 내용 협의

보고서 ⇨ 신상품 A제품 프로모션 행사 실시 계획 보고서

협의 드립니다 ⇨ 전사 워크숍 세부 프로그램 방향 협의

홍길동입니다 ⇨ ○○사 신제품 관련 정보 전달 및 미팅 제안

협의의 건: 좋은 봄날입니다 ⇨ 상반기 신규 프로그램 제안서 송부

또한 구체적으로 쓰기 위해서 이메일 마지막 부분에는 이메일의 목적과 연계된 어구를 붙이는 게 좋다. 예를 들어 '협의, 제안, 송부, 전달'과 같은 방식의 어구다. 이런 단어가 들어가면 제목만 봐도 이메일의 목적이 명확해진다.

● 글머리를 달아라

　이메일의 제목을 쓸 때 글머리를 달아주면 이메일의 내용이 명확해진다. 글머리는 크게 2가지의 유형이 있다. 먼저, 이메일의 성격을 알려주는 글머리다. [전달], [요청], [참고] 등의 내용을 달아주면 요청 사항이 명확해지기 때문에 그에 맞는 대응을 하기 쉽다.

[전달] 하반기 영업 전략 회의 자료
[요청] 전사 워크숍 관련 팀별 준비 사항 제출

　두 번째는 이메일의 내용을 좀 더 구체화해서 정리해주는 글머리의 종류다. 예를 들어 다음과 같다.

[리더십 아카데미 관련] 주요 자료 전달 및 문의 사항 접수
[○○년도 신입 사원 교육] 일정 송부 및 과정 세부 내역 협의

　이런 방식으로 글머리를 써주면 제목을 통해 이메일의 내용을 이해하기가 더욱 용이하다.

제목 작성 관련, 현장 Q&A

Q. 'Re'만 10개가 될 때 어떻게 해야 하나요?

A. 이메일을 쓰다 보면 한 개의 제목에 Re가 계속 붙는 경우가 많다. 한 가지 이슈에 대해 서로 소통하다 보니 새로운 제목으로 쓰기가 어렵고, Re가 너무 많이 붙게 되어서 도대체 몇 번째 회신인지 서로 알기 어려운 경우가 있다. 보통 'Re:Re:Re 승급자 과정 관련 요청 사항'과 같이 3번 정도의 Re는 큰 문제가 없다. 그런데 만약 5개를 넘어 계속 Re의 숫자가 많아질 경우는 '5th Re : 승급자 과정 관련 요청 사항'이라는 방식으로 정리해주자. 무의미하게 길어져 있던 제목이 간결해지고, 상호 교신의 순서가 정확해질 수 있다.

Q. 이메일 교신 중 새로운 내용이 나올 때는 어떻게 하면 되나요?

A. 거래처와 이메일로 소통하다가 새로운 내용이 나올 때가 있다. 이런 경우 기존 이메일에 새로운 내용을 붙여서 쓰는 것은 바람직하지 않다. 제목과 무관한 새로운 내용을 얘기할 때에는 아예 새로운 제목을 붙이자. 그래야 상대도 화제가 바뀌었다는 것을 알 수 있고, 추후 관련된 내용을 쉽게 찾을 수 있다.

> # 도입부 :
> # 이메일 고수는 여기가 다르다

　　　　　　　　　　이메일 내용의 핵심이 100% 전달되기를 원한다면 반드시 신경 써서 작성해야 할 부분이 있다. 동시에 상대방으로부터 100% 회신을 받을 수 있는 이메일이 되기 위해 놓치지 말아야 할 요소가 있다. 바로 '도입부'다. 이메일의 도입부는 이메일의 목적과 핵심 내용을 전달한다. 다음 두 이메일을 비교해서, 도입부의 가치를 확인해보자.

● **도입부를 잘 쓴 이메일 vs 도입부가 엉망인 이메일**

[이메일 1]

오나라 작전 사령관 주유 대장님

황사가 치는 때인데 잘 지내고 계신지요. 제갈공명입니다.

제가 현재 화살 10만 개를 준비하고 있는 것은 잘 준비가 되고 있습니다.

주유 대장이 준비해야 하는 사항은 잘 준비가 되고 있으신지요.

현재 계절의 영향으로 바람이 북서풍으로 불고 있으나 제가 하늘의 흐름을 보니 몇 가지 이상한 징후가 발견되고 있습니다. 아마 조만간 동남풍이 불지 않을까 싶습니다.

따라서 금번 조조의 군사들을 깰 수 있는 전략으로 화공이 가능할 듯 싶습니다.

동남풍이 불 때를 이용하여 화공으로 공격하시지요. 동남풍은 아마 금요일 새벽 1시부터 불 것 같습니다. 적벽 전투를 대승으로 이끌어갑시다.

-제갈공명-

[이메일 2]

오나라 작전 사령관 주유 대장님

황사가 치는 때인데 잘 지내고 계신지요. 제갈공명입니다.

금번 적벽에서 조조의 대군을 깰 수 있는 전략으로 금요일 새벽에 화공을 제안 드립니다. 준비 부탁드립니다.

현재 계절의 영향으로 북서풍이 불고 있으나, 천기의 조짐이 금요일 새벽 1시부터 동남풍이 불 것으로 보입니다. 화공을 통해 조조의 군대와 싸워 대승을 거둘 수 있는 기회입니다. 적벽 전투를 대승으로 이끌어 갑시다.

-제갈공명-

추신 : 저는 화살 10만 개를 잘 준비해가고 있습니다. 대장께서도 잘 준비하고 계신지요.

[이메일 1]과 [이메일 2] 중 핵심이 명확한 것은 2번이다. 1번의 경우는 가장 마지막 문장까지 읽어야 '금요일 새벽 화공'이라는 핵심을 이해할 수 있으나 2번의 경우는 앞의 3번째 문장까지만 읽어도 핵심을 놓치지 않을 수 있다. 상대방이 30초만 읽어도 핵심을 놓치지 않게 하는 것, 이것이 도입부의 위력이다.

이러한 도입부에는 이메일의 목적과 이메일의 결론을 쓰는 것이 좋다. 왜 이메일을 보냈는지, 이메일에서 상대방이 놓치면 안 되는 사항은 무엇인지를 전달한다. 그래서 상대방이 본문의 내용을 읽지 않아도 이메일의 목적과 결론을 놓치지 않게 할 수 있다. 그러면 현장의 이메일로 도입부를 연습해보자.

[실습 과제]

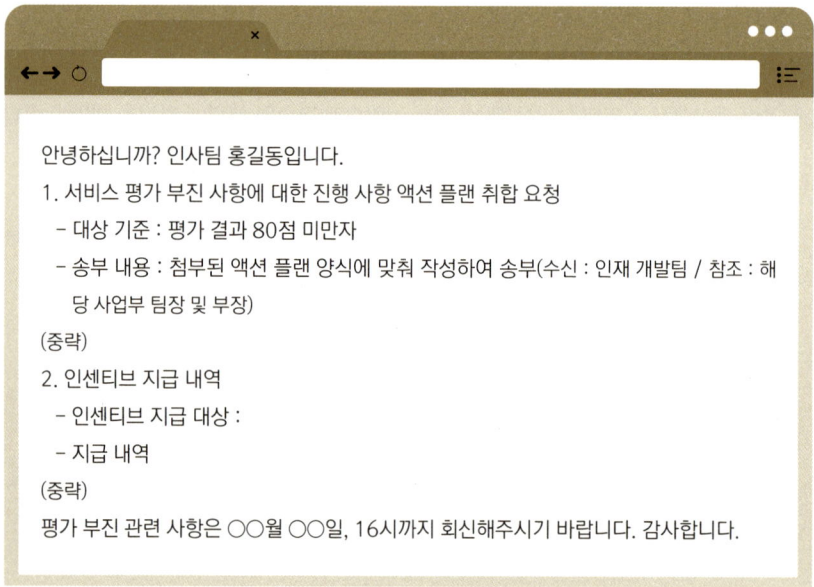

이렇게 작성된 이메일이라면, 상대 입장에서 끝까지 내용을 읽어야 한다. 그렇다면 어떻게 도입부를 작성할까? 먼저 이메일의 목적을 생각해보자. 이메일의 목적은 '액션 플랜 취합 및 인센티브 지급 내역 전달'이다. 놓치면 안 되는 이메일의 핵심 내용은 '평가 부진 사항을 ○○일 16시까지 회신해달라는 것'이다. 그렇다면 이메일의 도입부는 이렇게 작성하는 것이 좋다.

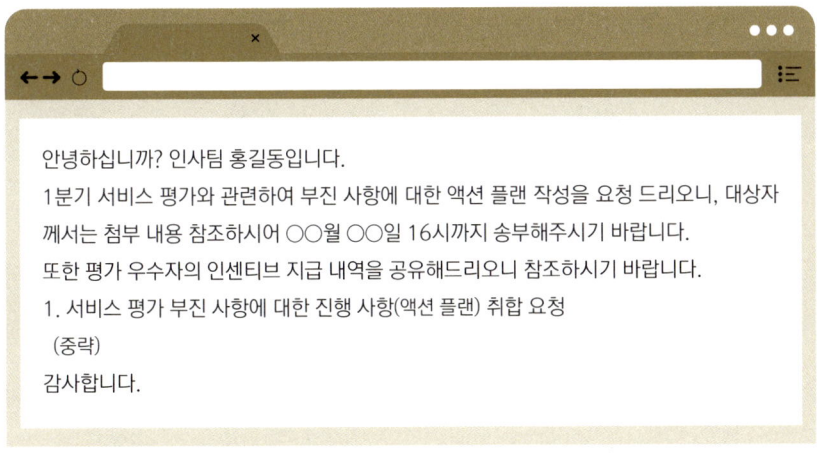

이렇게 작성될 경우 이메일의 수신자들은 이메일의 목적과 핵심을 놓치지 않을 수 있다. 상대방이 나의 핵심을 놓치지 않고 읽을 것을 기대하지 말고, 상대방이 보자마자 핵심을 파악할 수 있는 방식을 고민하고 적용해보자! 이메일의 효과가 200% 높아질 것이다.

본문 구성 원리 :
한눈에 들어오게 안 돼?

이메일은 편지일까, 문서일까? 비즈니스 이메일의 형식은 편지와 유사하지만, 내용은 비즈니스를 담고 있기에 문서와 가깝다. 그래서 상대에게 일정한 예의와 친밀감을 표시해야 하지만, 동시에 내용 전달의 오류나 오해가 발생하지 않게 해야 한다.

본문의 내용을 어떻게 구성해야 하는지, 정리되지 못한 본문의 폐해는 무엇인지 사례를 통해 살펴보자. 먼저 본문의 내용이 정리되지 못한 이메일을 보자.

수신	황희 팀장님
제목	회의 준비 관련

팀장님 좋은 아침입니다. 금주 회의 준비 관련 보고 드립니다.
홍 대리는 오늘(월) 회의 참석 불가합니다. 박 과장은 내일 오전 12시 이후 참석 가능합니다.
내일 회의실 사용 불가능합니다. 김 차장은 목요일 12시 이후 가능합니다.
목요일은 회의실 사용 가능합니다. 자료 준비는 현재 완료되었습니다.
이상이 회의 준비 관련 사항입니다. 확인 부탁드립니다.

이런 이메일은 '내가 썼으니, 읽는 니가 정리하세요'의 대표적인 모습이다. 이메일은 받았다. 그리고 열심히 읽었다. 그런데 메시지를 모르겠다. 도대체 어떤 메시지를 전달하고 있는 것일까?

이런 오류를 벗어나기 위해서는 이메일의 본문 내용을 논리적으로 정리해서 전달하는 것이 좋다. 짧은 내용이라 할지라도 상대방이 쉽게 이해할 수 있는 스토리라인을 만들어주기 위해서는 다음의 순서만 지키면 된다.

- 유사한 내용을 묶어서 본문 1, 본문 2, 본문 3의 순서로 정리한다.
- 본문 1, 본문 2, 본문 3을 일관된 순서(중요도, 시간, 공간 또는 범위 등)로 재배열한다.
- 가장 중요한 메시지를 정리한다.

이런 순서로 정리하면 다음 그림의 좌측과 같은 모양이 된다. 그러면 이 내용을 그대로 이메일 본문에 옮기면 된다. 가장 중요한 메시지는 도입부가 되고, 나머지 내용은 순서에 맞게 본문 1, 2, 3이 된다.

그렇다면 앞의 이메일을 어떻게 정리할 수 있을까?

우선 항목들을 묶어보자. 인원 관련 사항, 장소 관련 사항 그리고 자료에 대한 사항 3가지로 분류가 가능하다. 정리해보면 인원들은 목요일 오후에 전원 참석 가능하고, 장소는 목요일에 사용 가능하다. 순서를 부여한다면 내용상 인원 관련 사항(홍 대리, 박 과장, 김 차장), 장소 관련 사항, 기타(자료 관련)으로 정리할 수 있다.

그렇다면 이 내용들을 요약하는 핵심 메시지는 뭘까? 각 내용을 정리해보면 '회의를 목요일 13시로 하면 좋겠다'는 메시지다. 이 내용을 도식화하면 다음과 같은 모습으로 정리될 것이다.

핵심 메시지 : 목요일 13시로 회의시간을 잡는 것이 좋을 듯합니다.

인원 (목요일 오후 전원 참석 가능)	장소 (목요일 회의실 사용 가능)	기타 (언제든지 가능)
홍길동 대리 오늘(월) 회의 참석 불가	내일 회의실 사용 불가능	자료 준비는 현재 완료되었음
박 과장 내일 오전 12시 이후 참석 가능	목요일은 회의실 사용 가능	
김 차장은 목요일 12시 이후 가능		

이런 내용을 이메일로 정리한다면, 다음과 같은 본문의 구성이 가능하다.

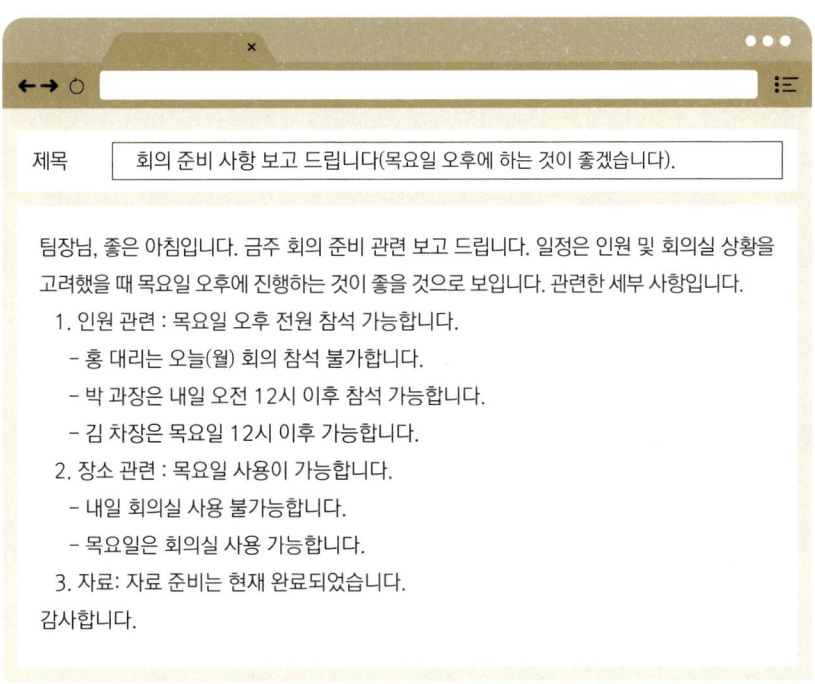

한눈에 핵심 파악과 내용 이해가 가능하다. 이처럼 명쾌한 본문은 상대의 시간과 노력을 아껴준다.

인사말, 추신 :
일에 감성도 담는 법

일을 위한 소통에 정말 일만 담겨 있으면 하수다. 고수는 일을 하면서 상대방과 관계를 만들어간다. 그래서 고수의 이메일은 상대방을 기분 좋게 만드는, 상대방이 존중받고 있음을 느끼게 하는 뭔가가 있다. 반면 하수의 이메일은 내용은 알겠는데 기분이 나쁘다. 먼저 하수의 이메일을 살펴보자.

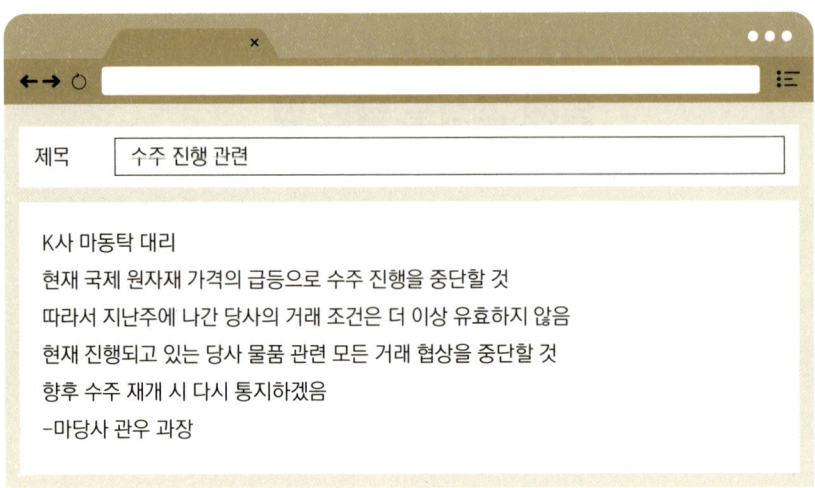

이메일을 보는 순간 왠지 기분 나쁘다. 관우 과장에 대해 분노 게이지가 급상승한다. 이런 류의 이메일을 쓰고 있다면 위험하다.

이메일은 작성자와 메시지가 분리되어 전달된다. 그래서 작성자가 어떤 감정을 갖고 있는지 이해하기 어렵다. 중요한 것은 수신자가 적대적인 느낌을 갖게 되면 이메일의 내용에 대해 호의적으로 반응하기 어렵다는 점이다. 따라서 이메일에 감성을 잘 심는 것이 좋다.

비록 불편한 내용을 전달하더라도 최소한 수신인이 존중받고 있음을 알려주고, 발신인이 수신인에게 긍정적인 정서를 갖고 있음을 보여주는 것이 좋다. 이것을 위한 기능이 인사말과 추신이다.

● 인사말을 잘 쓰면 수신인의 마음이 열린다

상대에게 우호적인 느낌을 주기 위해 인사말을 꼭 쓰자. 특히 대외로 보내는 이메일이라면 첫인사와 끝인사를 반드시 잘 쓸 필요가 있다. 인사의 유형은 일상적 인사, 시기나 계절을 담은 인사, 친밀한 관계를 표현하는 인사로 분류할 수 있다.

- 일상적 인사 : 다소 거리가 있거나 업무 중심의 관계에 많이 쓰인다.

[첫인사] 반갑습니다, 안녕하세요, 항상 도움에 감사드립니다, 업무에 수고 많으십니다.

[끝인사] 감사합니다, 도움 부탁드립니다, 조속한 회신 부탁드립니다, 검토 부탁드립니다.

- 시기나 계절을 담는 인사 : 적절한 친밀감이 있고, 딱딱하지 않은 관계를 원할 때

[첫인사] 좋은 아침입니다, 식사는 잘하셨나요, 기분 좋은 금요일입니다, 날씨가 참 좋네요.

[끝인사] 주말 잘 보내세요, 나른한 오후도 파이팅입니다, 즐거운 점심 식사 하세요.

- 친밀한 관계를 표현하는 인사 : 상대의 상황에 대한 내용을 담는 인사로 비즈니스를 넘어 친밀한 관계를 설정할 때

[첫인사] 감기는 좀 괜찮아지셨나요? 출장은 잘 다녀오셨나요? 바쁜 일은 잘 마치셨나요?

[끝인사] 추운데 감기 조심하세요, 즐거운 휴가 보내세요, 출장 잘 다녀오세요.

어떤 인사를 하고 있는가에 따라 정서적 거리감이 설정된다. 따라서 인사말이 없다는 것은 그 관계에 대한 고민이 1도 없음을 보여주는 무례함이라는 해석이 가능해진다.

가끔 현장에서 인사말을 쓰는 것이 어렵다고, 그래서 인사말을 쓰지 않는 사람들이 있다. 그런 고민을 하는 분들에게 꼭 말씀드리고 싶다. 어떤 인사말을 쓰는가보다 100배 중요한 것이 인사말의 존재라는 점이다. 정 쓸 말이 없으면 그냥 단순하게 '안녕하세요'라는 말로 시작하자.

● **추신, 플러스알파를 만드는 습관**

영업 현장에서 거래처를 잘 관리하는 것은 무척 중요하다. 상대로 하여금 단순한 비즈니스를 넘어서 친밀감을 느끼게 할 수 있다면 영업 미팅이나 관계 유지에 많은 도움이 된다. 이것을 위한 전략적 공간이 '추신'이다.

"날씨 풀리면 골프 한번 같이 가시죠!"

"다음에, 점심 식사 한번 모시겠습니다."

"주말에 아이와 영화 ○○○ 한번 보세요. 저희 아이들이 엄청 좋아하더라고요. 강추합니다!"

예를 들어 추신에 이런 내용을 담는다면 상대방은 일을 넘어서 사람과 사람의 관계로 내용을 인식하게 된다. 아이와 볼 영화까지 추천해주는 거래처를 단순히 갑과 을의 관계로만 인식하기는 어렵다.

가끔 이메일을 잘 못 쓰는 사람들은 이런 내용을 이메일의 본문에 넣는다. 이메일이 수다스러운 사람이다. 이런 사람들은 바로 비즈니스 얘기를 하기가 민망해서 먼저 주변 얘기로 시작하곤 한다. 그런데 수신자 입장에서는 이런 이메일도 부담스럽다. 핵심 내용을 빨리 파악하고 싶은데, 본문이 언제 나오는지 알 수 없기 때문이다.

계속 비즈니스만 얘기하기 부담스럽고, 너무 건조하게 느껴진다면 추신을 적극 활용하자. 이메일의 마지막에 사람의 향기가, 배려를 받는다는 기분 좋은 느낌이 살아날 수 있다. 앞서 살펴봤던 무례한 이메일의 경우, 이렇게만 고쳐도 수용성이 훨씬 높아진다.

| 제목 | [중요] 수주 진행 중단 요청 |

K사 마동탁 대리
항상 많은 도움에 감사합니다. ⇨ (첫인사)
다음 달 수주 관련하셔 변경 사항 전달하니 빠른 조치 부탁드립니다. ⇨ (도입부)

현재 국제 원자재 가격의 급등으로 수주 진행을 중단하고자 합니다.
따라서 지난주에 나간 당사의 거래 조건은 더 이상 유효하지 않습니다.
현재 진행되고 있는 당사 물품 관련 모든 거래 협상의 중단을 요청드립니다.
향후 수주 재개 시 다시 공지하겠습니다.

감사합니다. ⇨ (끝인사)
_마당사 관우 과장

추신: 날씨도 좋은데, 조만간 점심 식사 같이 합시다. 주말 잘 보내요. ⇨ (추신)

서명 : 누구냐, 넌?

받았을 때 상대를 배려한다는 느낌을 주거나, 공적인 이미지를 풍기는 이메일의 요소가 있다. 바로 서명이다. 서명은 이메일의 명함과 같다. 특히 이메일을 처음 보내면서 서명이 없는 경우 이메일의 수신자는 회신에 어려움이 많다. 서명에 담기게 되는 직급, 팀, 연락처 등의 정보가 없으면 회신할 때 난감하다. 직급을 모르면 상대를 어떻게 불러야 할지 어려워진다. 상대방이 대표인지, 또는 사원인지에 따라 이메일에서 부르는 호칭과 어법이 다소 달라지기 때문이다.

또한 발신자가 어떤 팀에서 일하고 있는지 확인할 수 없는 상태에서는 메시지에 대한 이해가 떨어진다. 간혹 빠른 협의를 위해서는 이메일보다 통화가 효과적일 때가 있는데 발신자의 연락처가 없다면 낭패다. 그런데 이렇게 중요한 정보가 담겨 있는 서명을 누락하고 보내는 경우가 많다. 따라서 이메일의 서명은 꼼꼼하게 양식으로 만들어두고 상황에 맞게 활용하는 것이 좋다.

잘 만들어진 이메일의 서명은 공적 이미지를 높여주는 부가적 효과도 있기 때문이다. 서명과 관련하여 기억할 몇 가지 포인트를 살펴보자.

● **서명의 내용**

이메일의 서명에 담겨야 할 내용으로 회사명/부서명, 발신자의 직급, 팩스번호, 휴대전화 번호, 회사 주소가 있다. 이메일의 서명은 발신자를 위한 것이 아니라, 수신자가 발신자에 대해 잘 이해하고 그에 맞게 조치할 수 있도록 하는 장치다. 각 요소가 수신자의 입장에서 어떤 의미를 갖고 있는지 살펴보자.

- **회사명/부서명** 이메일 발신자의 회사와 하는 업무를 쉽게 이해할 수 있게 해준다.
- **직급** 이메일의 수신자가 회신을 할 때, 적절한 호칭과 어투를 정할 수 있게 도와준다.
- **휴대전화 번호/회사 직통 전화번호** 이메일의 내용과 관련해서 전화를 통해 협의해야 할 때, 바로 연락할 수 있는 방법을 제시한다.
- **팩스번호/주소** 서류나 물품의 송부 시 쉽게 전달할 방법을 알려준다.

현장에서 이메일의 서명란을 별도로 만들어두고, 거래처와 이메일로 소통을 할 때 활용하는 것이 좋다. 거의 모든 이메일 프로그램에서 서명에 대한 별도의 기능이 있으니 목적에 맞게 여러 개 만들어두고 활용하는 것이 좋다. 특히 거래처에 따라 영문, 중문, 국문 등으로 만들어두면 이메일을 통한 소통의 편의성을 더욱 높일 수 있다.

현장 이메일 컨설팅

이러한 이메일의 6요소를 이해하고, 앞에서 제시되었던 미팅 보고 이메일을 살펴보면 오류가 바로 보인다. 수정한 내용을 보기 전에 앞에 제시되었던 이메일에서 어떠한 오류가 있는지, 스스로 확인해보자.

수신	유비 팀장, 홍길동 과장, 장비 차장, 강서해 사원, 김동해 주임
제목	미팅 관련 보고

팀장님, 어제 있었던 시현사와의 미팅 결과를 보고 드립니다.
- 일시: 20○○년 ○월 ○일 13:00~16:00
- 장소 : ABC사 사장실

- 참석인원 : (ABC사) CEO Edward Kim / G.MGR 임꺽정, (신바람 무역) 김지원 대리
- 방문 목적: 현재 문제로 불거진 입금 지연 관련
- Meeting 내용

■ ABC사 :
- 신바람 무역 측의 협조에 감사, 지난 번 대표님의 환대에 감사
- 현재 ABC사 측의 입금(제품 대금 10억 원)이 지연되고 있는 점에 대해서는 유감임
- 현재 ABC사 측 거래처들로부터 대금 회수가 지연되고 있고, 은행에서 최근 대출규정을 까다롭게 하고 있기 때문에 일시적으로 자금이 묶여 있음
- 관련하여, 신바람 무역 측의 이해를 요구함

■ 신바람무역
- 이제까지 문제 없이 거래를 해온 점에 대해 감사
- 입금 지연으로 인해 발생하고 있는 신바람 무역 측의 문제 설명
- 정확한 입금가능 일자 통지 요청
- 쌍방 간의 신의성실 관계를 계속 유지해줄 것을 부탁

_영업2팀 김지원 대리 배상

어떤 오류가 보이는가?

첫째, 수신인의 오류다. 수신인과 참조인을 분리하고, 이메일 참조에서 꼭 필요한 사람인지를 확인해야 한다.

둘째, 제목의 오류다. 이메일의 제목을 통해 쉽게 내용을 이해할 수 있도록 정리해주는 것이 좋다.

셋째, 도입부의 오류다. 도입부를 통해서 이메일의 목적과 핵심을 쉽게 알 수 있게 해주어야 하는데, 도입부가 결여되어 있다.

넷째, 본문의 오류다. 본문의 내용이 전혀 무의미하다. 어떤 스토리라인이 있는지 전혀 내용을 파악할 수 없다. 다음의 그림에서 알 수 있듯이 핵심 메시지가 없고 미팅 결과와 무관한 스토리라인의 모습이다.

다섯째, 인사말의 부재다. 첫인사, 끝인사가 없다.

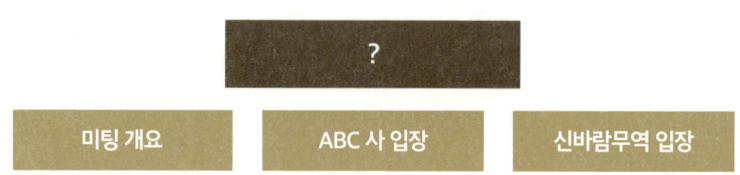

단순하게 봤을 때에는 그럴 듯하게 보였던 이메일이 6요소를 대입해보니 아무것도 없다. 아무것도 없는 이메일은 효과도 없다. 이렇게 이메일을 보내면 어떤 일이 벌어질까? 아마 다음과 같은 상사의 회신이 있을 것이다.

"그러니까 결론이 뭐야?"

그럼 김 대리는 성실하게 회신할 것이다. "예, 입금이 어려울 것 같습니다."

다시 팀장이 회신한다. "그럼 어떻게 할 거야?"

김 대리는 이렇게 회신한다. "예, 그래서 법무팀에 의견을 구하고, 공문으로 정식 입장을 ABC사에 보내려고 합니다."

미팅 결과 보고 1건 때문에 하루 종일 팀장과 바쁘게 교신을 하게 된다. 일을 못한다는 게, 보고를 못한다는 게 이런 모습이다.

그렇다면 이메일을 잘 쓴다는 것은 어떤 모습일까?

수신인 정보, 제목, 인사말, 도입부, 본문의 요소들을 정확하게 잘 준비하고 상황에 맞게 쓰는 것을 말한다. 특히, 도입부를 구성할 때 이메일의 목적과 결론을 보고해야 하므로 김 대리의 입장에서는 이런 생각을 함께하는 것이 필요하다.

'그래, 이메일 목적이 미팅 결과 보고와 향후 조치 계획에 대한 것을 보고하는 거지. 미팅 결과는 입금이 어려울 것 같다는 내용을 보고해야 하고, 향후 조치 계획으로는 법무팀 협의와 공문 조치를 보고해야겠다.'

이렇게 준비한다면, 이메일의 내용을 다음과 같이 주요 내용으로 구성할 수 있다.

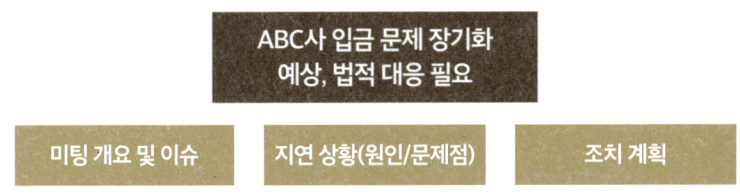

그리고 이런 흐름을 반영해서 이메일을 작성한다면 다음과 같이 정리하는 것이 좋다.

수신	유비 팀장님
참조	장비 차장님, 홍길동 과장님
제목	[ABC사 미팅 보고] 입금 지연 관련 미팅 결과 및 향후 조치 계획

유비 팀장님, 좋은 아침입니다.
ABC사와 입금 지연(10억 원) 관련 미팅 결과를 보고 드립니다.
분위기로 판단 시 계속 지연될 가능성이 있는 바, 공문 조치와 법무팀 협의가 필요할 것으로 판단됩니다. 조언 부탁드립니다.

1. 미팅 개요 및 주요 이슈
   1) 일시/장소: 20○○년 ○○월 ○○일, ABC사 사장실
   2) 참석 인원(4명): (ABC사) CEO Edward Kim / G.MGR, 임꺽정, (신바람 무역) 김지원 대리
   3) 미팅 주요 이슈: 제품 대금 입금 지연에 대한 상황 파악 및 입금 일정 협의
2. 입금 지연 상황 원인 및 문제점
   1) 입금 지연 사유: 일시적 자금 경색
      - ABC사 측의 거래처로부터 대금 회수가 지연되고 있음
      - 은행의 대출규정 강화로 은행 측 대출 지연
   2) 문제점
      - 입금 시점에 대한 정확한 예측이 불가: ABC사 측은 자사의 자금문제 해소를 선 조건으로 하고 있음
3. 조치 계획
   1) 공문 조치: 공문을 통해 ABC사에 본 문제의 심각성과 피해 금액을 정식으로 통보
   2) 법무팀 협의: 입금 지연 장기화 시 관련 법적 절차 확인 및 대안 확보

감사합니다.
_영업 2팀 김지원 대리 배상
(주: 회사 내부 이메일이라 서명은 생략)

[연습문제] 작성해봅시다

재택근무 상황에서 하루의 일과를 마치고 업무를 이메일로 보고하려 한다. 다음에 제시된 이메일을 6요소의 원리에 맞게 적용하여 고쳐보자.

[Before]

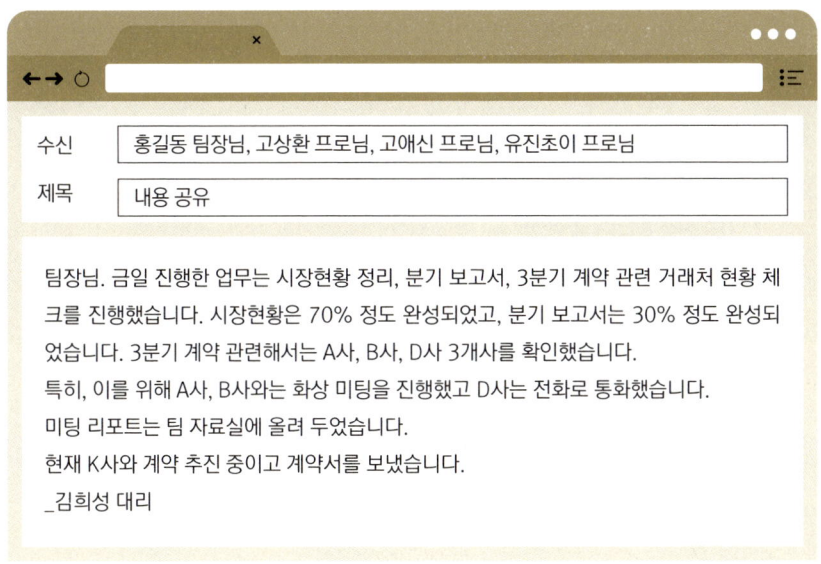

무슨 일을 했는지, 무슨 말을 하고 싶은지 확인하기 어렵다. 이메일의 6요소라고 하면 수신인, 제목, 인사말, 도입부, 본문, 끝인사 등의 모든 내용이 부족한 상황이다. 다음과 같이 고치는 것이 좋다.

[After]

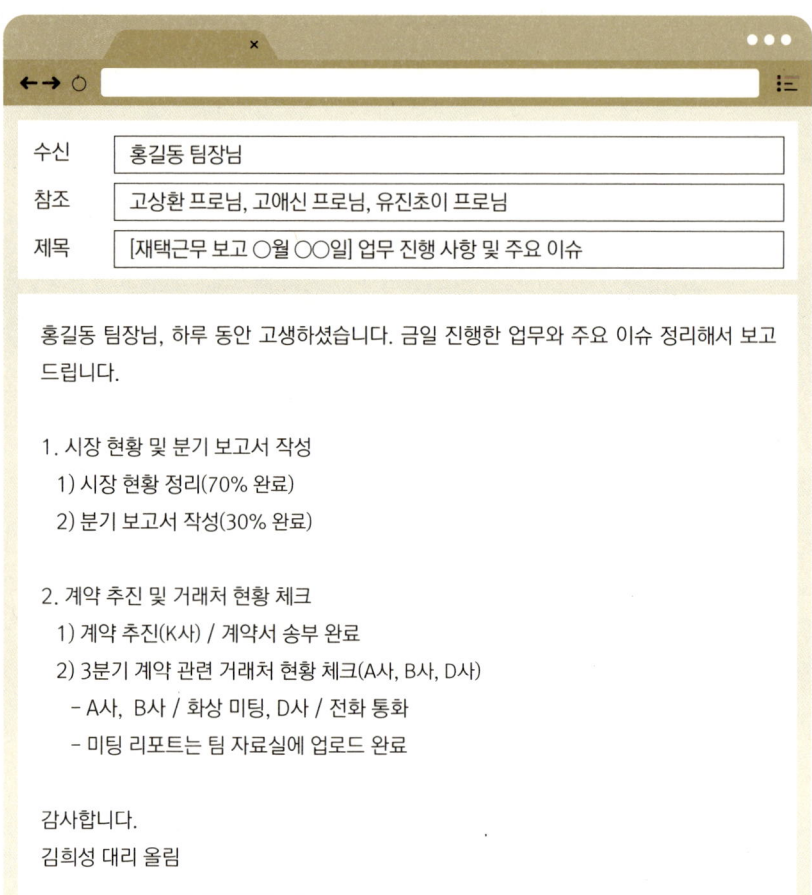

수신	홍길동 팀장님
참조	고상환 프로님, 고애신 프로님, 유진초이 프로님
제목	[재택근무 보고 ○월 ○○일] 업무 진행 사항 및 주요 이슈

홍길동 팀장님, 하루 동안 고생하셨습니다. 금일 진행한 업무와 주요 이슈 정리해서 보고 드립니다.

1. 시장 현황 및 분기 보고서 작성
  1) 시장 현황 정리(70% 완료)
  2) 분기 보고서 작성(30% 완료)

2. 계약 추진 및 거래처 현황 체크
  1) 계약 추진(K사) / 계약서 송부 완료
  2) 3분기 계약 관련 거래처 현황 체크(A사, B사, D사)
    - A사, B사 / 화상 미팅, D사 / 전화 통화
    - 미팅 리포트는 팀 자료실에 업로드 완료

감사합니다.
김희성 대리 올림

'감사합니다'라는 간단한 인사로 마쳐도 무방하다. 또는 '감사합니다'라는 인사 뒤에 '홍길동 올림, 홍길동 배상'과 같은 문장을 쓰기도 한다. 생략해도 무방하지만, 보다 정중한 표현 방식이다.

PART 5

완벽한 보고 센스

불과 몇 년 전까지만 해도 회사는 다양해도 현장의 보고 환경은 거의 비슷했다. 전자 결재를 올리고, 상사가 부르면 가서 설명했다. 또는 구두로 보고할 일이 있으면 상사에게 시간을 요청해서 보고하거나 또는 가볍게 차를 마시면서 보고할 수 있었다. 중요한 일이면 보고서를 만들어서 상사에게 먼저 보고하고, 내용에 대한 협의를 거쳐서 결재를 받는 식으로 일을 진행했다. 이런 모든 방식에는 중요한 전제가 깔려 있었다. 상사와 같은 공간에서 일하고 있고, 언제든지 쉽게 대면할 수 있다는 점이었다.

그러나 최근에는 업무의 환경이 변했다. 코로나19 팬데믹으로 인해 서로 얼굴을 대하기가 부담스러워졌고, 재택 근무하는 직원들이 많아졌다. 상사도 부하직원을 바로 불러서 확인하는 것이 어려워졌고, 부하직원도 상사를 만나는 것 자체가 어려워졌다. 팬데믹 상황 이외에도 점점 가속화되는 현장의 변화와 디지털 기기에 익숙한 MZ세대의 증가는 기존과 다른 다양한 상황에 다양한 보고의 방식을 요구하게 되었다.

신문 기사에 따르면 H 백화점은 모바일을 통한 5~6줄의 짧은 형식으로 기존 결재 문서, 보고서를 대체하는 간편 보고 시스템을 도입했다고 한다. 이를 위해 기존에 사용하던 2만여 개의 결재판을 폐기하고 간편 보고 시스템을 도입하여 '간편결재'와 '보고톡' 두 가지로 진행하고 있다고 한다. 이런 기사는 현장의 변화를 잘 보여주는 단면이라 할 수 있다.

그렇다면 어떻게 상황에 맞는 다양한 방식에 맞춰 보고할 수 있을까? 변화의 과정이기에 정답이 없는 상황에서 각 채널별 어떤 원리가 있는지, 어떤 점을 놓치지 말아야 할지 함께 생각해보자.

SNS 보고 :
센스 있는 자 vs 센스 없는 자

외부에서 미팅이나 교육을 마쳤다. 현장에서 바로 퇴근할 때, 당신의 습관은 어떠한가?

1. 연락하기 껄끄러우니, 그냥 무시하고 퇴근한다.
2. 전화로 보고한다.
3. 카톡이나 문자 등으로 정리해서 보고한다.

이런 경우, 직장 생활을 조금이라도 경험해본 사람은 2번 또는 3번이 답이라는 것을 알고 있다. 물론 우리의 마음이야 1번처럼 하고 싶지만, 1번처럼 했다가는 후폭풍을 경험하게 될 것임을 직감적으로 알 수 있다. 그렇다면 이런 경우 2번이 정답일까, 3번이 정답일까?

MZ세대는 일반적으로 전화를 통한 소통에 약하다. 콜포비아(Call Phobia)라는 말이 있을 정도로 전화를 통한 소통에 부담감을 느낀다. 반면에 상사들은 전화를 통한 소통, 음성어를 통한 보고를 더 반긴다. 일부 노안이 찾아온 상사들의 경우는 작은 글씨를 보면서 내용을 확인하고, 다시 텍스트를 입력해서 회신하는 것을 불편해하는 경우도 많다. 작은 버튼을 눌러서 텍스트를 입력하느니 차라리 전화를 하는 게 100배는 편하지만, 부하직원에게 이런 것을 묻기 위해 전화를 하는 것도 심기가 불편해진다. 그래서 이런 상황이라면 상사가 디지털에 능숙한지, 상사의 연령은 어떠한지를 고려해서 정답을 정하는 것이 맞다.

● **보고 센스 있는 자**

김 과장은 외부에서 교육을 마쳤다. 그럼 이제 어떻게 하면 될까? 김 과장이 본인의 팀장을 생각했을 때, 전화를 좋아하지 않으니 메신저를 활용해서 연락을 하는 게 기본이다.

이런 상황에서 '팀장님! 김 과장입니다. 교육 잘 받았습니다. 도착하면 퇴근 시간이니, 여기서 바로 퇴근하도록 하겠습니다. 다음 주 월요일에 뵙겠습니다'라고 쓴다면, 상사에게 좋은 인상을 주기 어렵다.

'이거 교육 정말 열심히 받은 거 맞아? 참, 내가 시켰던 일은 다 하고 퇴근하는 건가? 다음 주 화요일 본부장 보고인데, 교육받는다고 준비를 안 한 건 아니겠지?'라는 걱정이 들기 시작한다.

그렇다면 이런 상황에서 어떻게 연락을 하는 게 좋을까? 김 과장의 목적은 교육을 열심히 받았다는 것을 어필하고 싶고, 또 가장 좋은 것은 회사로 불려 들어가지 않고 현장에서 바로 퇴근하는 것이다.

먼저 상사 입장에서 어떤 것을 궁금해할지 생각해야 한다. 상사가 궁금한 것은 상사의 마음을 불편하게 했던 것들이다. 그렇다면 본인이 하고 싶은 말을 내뱉고 퇴근길로 직행하는 것이 아닌, 본인의 보고 내용에 상사의 고민을 담아줄 필요가 있다. 그렇다면 이렇게 정리하는 것이 좋다.

"팀장님, 김 과장입니다. 금번 교육 잘 마쳤습니다. 특히 이메일 관련 스킬은 저희 부서 직원들과 공유하면 좋겠다는 생각이 들었습니다. 굉장히 체계적이더라고요. 지시하셨던 본부장님 보고 자료는 90% 완료했습니다. 차주 월요일 오전에 보고 드리겠습니다. 사무실로 복귀해도 못 뵐 것 같아서, 저도 집으로 복귀해서 보고서를 마무리하겠습니다. 주말 잘 보내십시오."

이렇게 보고하면 교육도 잘 받은 것 같고, 또 보고서도 완료했다고 하니 짧은 메시지일지라도 상사는 더 이상 궁금한 게 없다. 센스 있는 사람은 같은 일을 하고도 상사를 안심시킨다. 센스 없는 사람은 같은 일을 하고도 상사를 불안하게 한다.

● 아주 작은 센스 하나가 승리를 결정한다

과잉사회라는 말이 있다. 비슷한 회사들도 넘쳐나고 비슷한 사람들도 넘쳐나는 현 시대의 치열한 상황을 묘사한 말이다. 이런 과잉사회에서 다른 사람보다 조금 앞서는 무언가가 우리에게 승리를 가져다준다. 아주 많이 앞서지 않아도 된다. 조금 다른 무언가 하나, 조금 차별화된 서비스 하나, 조금 더 섬세한 배려 하나가 승리를 결정한다.

보고 현장에서도 마찬가지다. 비슷한 수준의 부하직원들로부터 하루에도 수없이 많은 보고를 받아야 하는 상사의 입장에서 생각한다면 뭔가 다른 하나의 센스를 가지고 있는 부하직원이 상사를 만족시킬 수 있다.

그렇다면 작은 센스 하나로 승리를 가져오는 스킬들은 무엇이 있는지, 당장 장착해서 전투력을 업그레이드할 수 있는 것들은 무엇이 있는지 하나씩 살펴보자.

맘 편하게 퇴근하는
박 과장의 SNS 보고 스킬

지금은 SNS의 시대이다. 이는 우리 비즈니스 현장에서도 예외가 아니다. 특히 상대방과 간편하게 텍스트를 주고받을 수 있는 메신저 기술은 전화보다 더 선호하는 회사 내 커뮤니케이션 수단이 되었다(여기에서는 SNS 중에서 IM, Instant Messaging 서비스를 주로 언급할 것이다. Kakao Talk, Hangout, Window Live Messanger 등의 대화형 텍스트 서비스이다).

점점 더 많이 사용되는 SNS 보고, 그러나 SNS 보고를 만만하게 볼 수는 없다. SNS 보고는 보고하는 사람이 얼마나 센스와 눈치가 있는지 바로 보여주는 척도가 되기 때문이다. 가장 대표적인 예가 퇴근 후 SNS로 보고해야 하는 상황일 것이다. 보고하는 사람의 센스에 따라 서로 기분 좋은 저녁이 될 수도 있고, 전쟁 같은 야근의 시간으로 이어질 수도 있기 때문이다.

보고하는 사람은 마음 편하게 퇴근할 수 있고, 보고받는 사람도 기분 좋게 저녁을 즐길 수 있는 보고 방법은 무엇일까?

● **마음 편하게 퇴근하는 능력자의 SNS 가이드**

같은 내용이라도 보고하는 사람과 보고받는 사람을 최대한 편하게 해주는 SNS 보고를 위해 지켜야 할 가이드를 정리해보면 다음과 같다.

기본 원칙 1. SNS 보고는 되도록 피하는 것이 좋다(정말 피할 수 없는 때만 활용하자)

SNS 보고를 잘 활용하면 좋다. 그러나 더 좋은 것은 SNS 보고 상황을 피하는 것이다. 반드시 필요한 것만 SNS로 보고해야 한다. 업무 시간 이후에 보고하는 것은 최대한 피해야 한다. 상대방의 개인 시간을 침해하면서까지 보고해야 하는 것은 어떤 것들일까? 상대방 입장에서 생각해보면 좋다. 상대방이 모르면 큰 손실이 나는 것은 반드시 알려야 한다. 사고 소식, 당장 내일 아침에 잡힌 임원 회의, 상사의 상사가 급하게 요청한 사항 같은 것들이다. 이런 것들은 SNS 보고를 하고 상황에 따라 전화를 통해 확인하는 것도 필요하다. 상대방이 기다리고 있는 소식은 퇴근 후라도 알려주면 좋다. 계약 성사의 결과, 인력 선발의 결과 같이 상대방이 기다려온 결정에 관련된 것들이다. 이런 것들이 아니라면 최대한 업무 시간 내에만 보고하도록 하자.

기본 원칙 2. 상사가 사무실에 있을 때, SNS로 보고할 것이라고 미리 공감대를 형성한다

SNS 보고가 예상되는 경우가 있을 수 있다. 이럴 때에는 상사가 퇴근하기 전, 또는 출장이나 외근 나가기 전에 SNS를 통해 결과를 보고하겠다고 사전에 공감대를 형성하면 좋다. 그렇게 하면 상사는 회사 밖에서 보고받게 되더라도 부담을 느끼지 않을 것이다. 상사도 사람이기 때문에 퇴근 이후에는 퇴근 모드, 휴식 모드가 될 수밖에 없다. 근무 모드가 꺼져 있는 상태에서 갑자기 들어오는 회사 소식은 반가울 리 없다. 그것이 아무리 좋은 소식이라고 할지라도 말이다. 퇴근하기 전 상사에게 결과를 보고하겠다고 얘기하는 것은 퇴근하더라도 근무 모드를 끄지 말라고 얘기하는 것과 같다. 그렇게 준비된 상사는 SNS 보고를 자연스럽게 받아들일 것이고, 그때까지 수고한 직원에게 고마운 마음을 가질 수도 있다.

기본 원칙 3. 결과만 간략히 보고하고 상세 내용은 이메일이나 향후 보고를 활용한다

결과에 대해 최대한 간단히 보고하고 상세 내용은 레퍼런스나 향후 보고 계획으로 마무리하는 것이 좋다. SNS 본문에는 계약이 체결되었는지, 합격자로 누가 선정되었는지, 에러가 수정되었는지 등과 같이 결과만 간단히 적는다. 그리고 상세 내역은 이메일을 참고하거나 내일 아침 몇 시에 별도 보고를 하겠다고 얘기하면 된다.

기본 원칙 4. 가능하면 한 건의 발신으로 의사소통을 한다

SNS 보고는 간략함이 생명이다. "팀장님!", "식사하셨어요?", "말씀드릴 것이 있습니다." 실제 보고의 내용이 오기 전에 이런 식으로 여러 개의 문자가 도착하면, 보고받는 사람의 인내심은 한계에 다다른다. SNS 보고는 친구와의 대화가 아니다. 오히려 언론사가 인터넷에 띄우는 속보 뉴스와 같다. 한 건의 발신에 필요한 정보를 담고, 불필요한 대화는 과감히 생략해야 한다.

기본 원칙 5. 첨부 파일을 보낼 때는 간단한 설명을 붙이면 좋다

가끔 SNS를 통해 첨부 파일로 보고서나 자료를 보내는 경우가 있다. 이런 경우 파일만 보내면 무책임하게 보이기 십상이다. 마치 '여기 자료를 보내니 당신이 읽고 알아서 하세요'라고 얘기하는 것 같다. 설령 중요한 의사결정은 자료를 받는 사람이 하더라도, 자료를 보내는 사람도 '적극적'으로 업무에 참여하고 있다는 인상을 주어야 한다. 자료를 보낼 때, 한두 줄 요약과 함께 보내면 좋다. 상사는 자료 하나를 보내면서도 내용을 확인하고, 본인에게 내용을 요약해주는 정성에 감동할 것이다.

SNS 보고는 앞으로 더 많이 사용될 것이다. 신속하고 간편한 만큼, 조금만 신경 쓴다면 다른 사람과 차별되는 당신만의 SNS 보고 노하우를 가질 수 있을 것이다.

센스 있는 박 과장의 SNS 보고 원리

1. SNS 보고는 되도록 피하는 것이 좋다(정말 피할 수 없는 때만 활용하자).
2. 상사가 사무실에 있을 때, SNS로 보고할 것이라고 미리 공감대를 형성한다.
3. 결과만 간략히 보고하고 상세 내용은 이메일이나 향후 보고를 활용한다.
4. 가능하면 한 건의 발신으로 의사소통을 한다.
5. 첨부 파일을 보낼 때는 간단한 설명을 붙인다.

> # 화상 보고,
> # 이것을 놓치면 진짜 '화상'된다

        코로나19 수혜주라는 말이 있다. 사람들이 마음껏 외출하고 소비할 수 없는 상황에서 더욱 성장하는 산업을 일컫는데, 대표적으로 구글, 아마존 같은 IT 기업들이 손에 꼽힌다. 그중에서도 코로나19로 인해 전 세계 회사원들과 학생들에게 알려진 서비스가 있다. 바로 ZOOM(클라우드 기반 화상회의 서비스)이다. 2020년 전 세계에서 가장 많이 다운받은 애플리케이션일 정도로(애플 스토어 기준), 바야흐로 우리는 화상회의의 시대에 들어와 있다.

  화상으로 보고를 하다가 식은땀을 흘릴 만큼 긴장한 기억은 많다. 아직 우리에게 낯선 기술이기 때문이다. 기본을 모르면, 화상회의를 하다가 진짜 '화상'으로 찍힐 수 있다.

  프로 일잘러로서 위기의 순간을 미리 방지하기 위해 화상 보고할 때 주의해야 할 몇 가지를 살펴보자. 기술적인 팁과 운영적인 스킬을 기억하고 적용할 수 있다면, 화상회의를 통해 더욱 능력자로 자신의 이미지를 나타낼 수 있다.

● 능력의 반은 아이템빨이다

먼저 화상 보고를 할 수 있는 기술적 환경을 제대로 갖춰야 한다. 중요한 보고를 앞두고 시스템이 불통이거나, 카메라가 안 나오는 경우, 마이크가 안 되는 경우는 무수히 많다. 모든 사람이 다 들어와 있는 회의에서 마이크가 안 된다고 입만 벙긋벙긋하는 부하직원을 보고 있으면, 준비성도 없어 보이고 그런 사람의 보고 내용에 신뢰가 가지 않는다. 그런 안타까운 상황을 피하기 위해 다음의 체크 리스트들을 활용해보자.

- **화상회의가 가능한 회의실을 확보했는가?** ⇨ 만약 집에서 회의에 참여한다면 별도의 공간을 준비해서 회의에 몰입할 수 있도록 하자.
- **회의실 안팎에 불필요한 소음은 없는가?** ⇨ 주변의 소음이 회의실 전체에 바로 울려 퍼질 수 있다. 눈에 보이지 않기에, 또 본인이 편한 집에서 참석하는 경우도 있기 때문에 자칫 가족 간의 사적인 대화가 회의실에 공유될 수도 있다. 그래서 회의 주관자들은 사전에 오디오 설정, 또는 전체 음소거 등을 활용해서 회의를 망치지 않도록 해야 한다.
- **주최자는 시스템에서 회의를 예약하고 운영하는 법을 알고 있는가?** ⇨ 설정에 섬

세할 필요가 있다. 회의실명, 회의시간 등의 기본 정보, 대기실의 운영, 화면 공유 등의 설정 등을 미리 섬세하게 설정해둔다면 회의의 효과가 더욱 높아질 수 있다.

- 참가자는 회의에 참여하는 법을 알고 있는가? ⇨ 회의 진행 시 사전에 참여하는 법을 공유할 필요가 있다. 만약 VIP가 참여한다면 사전에 테크 리허설을 통해 장비 관련 유무를 점검하는 것이 좋다.
- 인터넷, 카메라, 스피커, 마이크, 노트북 등은 제대로 작동하는가? ⇨ 화상회의 시 장비의 문제가 발생한다면, 특히 인터넷에 문제가 생기면 회의를 진행할 수 없게 된다. 그래서 가급적이면 무선 인터넷보다는 회의 운영자는 유선 인터넷을 활용하는 게 좋다. 또한 불의의 상황을 대비해서 모바일 핫스팟 등을 Plan B로 준비해두는 것이 좋다.

● '언택트'를 뛰어넘어 몰입하게 하는 화상회의 운영법

화상 보고를 위한 환경을 구축했다고 해서 화상 보고가 물 흐르듯이 진행될 것이라고 방심해서는 안 된다. 얼굴을 보며 직접 만나서 하는 보고에 비해 그 진행이 쉽지 않기 때문이다. 화상 보고만의 제한점들로 인해서, 내가 의도한 바를 상대방이 정확히 이해하지 못하는 경우도 종종 발생한다. 화상 보고 시 유용한 운영의 팁을 정리해보자.

- 화상회의 관련 기본 기술은 익히도록 하자. 화면 공유, 사운드 공유, 자료 공유, 채팅, 가상 배경 설정, 비디오 설정, 오디오 설정 같은 기본 기능들을 익혀두면 회의를 훨씬 더 수월하게 진행할 수 있다.

- 보고 자료는 반드시 사전에 공유하자. 상사가 보고 자료를 읽고 오지는 않더라도, 미리 준비했다는 인상을 줄 수 있다. 또한 프레젠테이션으로 자료를 만들 때에는 가급적 폰트의 크기를 크게 하는 것이 좋다. 화면 공유 시 잘 안 보인다면, 열심히 만든 자료가 무가치해진다.

- 상대방이 알아서는 안 되는 보안자료가 화면에 보이지 않는지 확인해야 한다. 경솔하다는 인식을 줄 뿐 아니라 실제로 사고로 연결되기도 한다.

- 보고 시작 전에 상대방이 보고받을 수 있는 환경이 준비되었는지 확인하고, 준비되어 있지 않은 경우 기다려주는 배려가 필요하다.

- 다른 보고도 그렇지만, 보고 초반부에 보고의 범위나 진행 순서를 명확히 확정해야 한다. 그래야 화상 보고받는 사람이 좀 더 쉽게 집중할 수 있다.

- 개인적인 얘기, 혼잣말 등은 절대로 조심해야 한다. 나가서는 안 되는 내용이 마이크를 통해 여러 명에게 전달되는 경우가 있다.

- 회의의 녹화 기능을 사용하는 경우, 상대방에게 먼저 동의를 구하는 것이 좋다. 상대방에 따라서는 대화 내용이 녹화되는 것을 불쾌하게 받아들일 수 있다.

- 상대방의 전화번호 등 비상연락처를 확보하는 것이 좋다. 화상회의 시스템 중간에 끊기는 경우, 비상연락처를 통해 커뮤니케이션을 해야 한다.

- 회의가 끝나기 전에 논의된 사항에 대해 정리하면서 핵심 사항에 대해 상대방도 동의하는지를 확인해야 한다. 이 내용은 회의 후 이메일을 통해 공유하면 더 좋다.

언택트 업무가 일반화되고, 재택 근무의 상황이 빈번해지면서 앞으로 화상 보고의 비중이 늘어날 것은 명백하다. 몇 가지 체크리스트와 운영 가이드를 통해 실수 없고 자연스런 화상 보고를 해낸다면, 일잘러의 모습에 한 걸음 더 가까워질 것이다.

보고, 1시간만 투자하면 100배 편해지는 앱 활용

최근 업무 현장에서 다양한 협업 툴이 활용되고 있다. 그러나 많은 직장인 중에는 이런 새로운 툴에 적극적이지 않은 사람도 많다. 만약 업무 현장에서 이런 협업 툴을 알고 본인의 업무에 접목할 수 있다면 상사와 일을 쉽게 공유할 수 있다.

말이나 글로 알린다는 보고의 정의는 이제 시대에 맞게 확장될 필요가 있다. 이제는 어떤 도구(앱, 프로그램)를 사용하는가에 따라 화면이나 시스템으로 상사와 일을 공유할 수 있다.

일의 진행을 프로젝트화할 수 있는 트렐로, 보고서를 쓸 때 상사와 함께 쓰는 효과를 얻을 수 있는 워크 플로위, 멀리 떨어져 있더라도 완벽하게 회의 내용을 공유하고 같은 내용을 이해하게 하는 싱크와이즈 3가지를 배워볼 것이다. 유료 버전도 있지만, 무료 버전으로도 충분히 업무에 활용할 수 있다(단,

회사에서 외부의 프로그램을 사용할 때에는 정보 보안부서 등에 확인하여 라이선스에 문제가 없는지 반드시 확인해야 한다).

유튜브를 보면, 이미 이런 앱들의 활용 방안에 대해 자세히 설명하고 있다. 이 책에서는 이런 앱들을 어떻게 업무에 활용하고, 어떻게 상사에게 알게 하는지 활용법을 제시할 것이다. 1시간만 투자해보자. 상사에게 좀 더 명확하게 일을 보일 수 있게 될 것이다.

● 트렐로(Trello) : 일의 계획, 진행, 담당, 진행 사항을 완벽하게 공유하는 시스템

트렐로는 칸반이라 불리는 카드를 활용하여 일을 직관적으로 확인할 수 있는 시스템이다. Drag & Drop(끌어서 놓기) 방식으로 정리할 수 있기 때문에 일의 진행을 한눈에 볼 수 있게 한다. 트렐로를 통해서 굉장히 다양한 일을 효과적으로 할 수 있다.

- 업무를 계획할 수 있다. 일을 받는 순간에 어떤 프로세스로 어떤 일을 할 것인지 카드를 만들어서 정리할 수 있다.
- 업무를 공유할 수 있다. 멤버를 초대해서 업무를 공유하고, 담당자를 지정할 수 있다.

- 업무의 상태, 성격을 한눈에 보이게 할 수 있다. 업무 성격에 맞게 라벨을 지정하고 정리해서 진행 중인지, 긴급한지 등의 업무 상태를 보여줄 수 있다. 그리고 계획 업무인지 영업 업무인지 등 업무 성격을 보여줄 수 있다.
- 체크리스트를 통해 각 활동들이 얼마나 진행되고 있는지 상대에게 쉽게 보여줄 수 있다.
- 팀에서 같이 일할 때에는 관련된 자료(영상, 텍스트 자료)들을 DB(Database)화하고 팀원들이 봤는지 여부도 확인할 수 있다.
- 크롬의 확장 프로그램인 Elegant(엘리건트)를 병행하여 활용하면 업무의 내용을 실시간에 간트 차트로 정리할 수 있다. 더 좋은 것은 PC와 스마트폰에서 동시에 활용할 수 있어서 언제든지 일의 진행 상태를 확인하고 점검할 수 있다는 점이다.

현장에서, 일을 진행할 때, 상사를 멤버로 초대해서 일의 진행을 확인할 수 있게 하면 별도로 보고하지 않아도 상사는 일의 진행 상태를 확인할 수 있다.

트렐로의 다양한 기능은 업무의 협업, 진행 상태의 확인이 가능하다

멀리 떨어져 있더라도 누가 무엇을 하고 있고, 어떤 일이 잘 되고 있는지, 어떤 일이 다소 미흡한지를 알 수 있어서 적절한 개입과 조언을 할 수 있다. 여러 사람이 함께하는 일이라면 또는 장기간의 프로젝트라면 트렐로를 적극 활용할 것을 권한다.

● **워크 플로위(Work flowy) : 글쓰기와 메모에 최적화된 도구**

워크 플로위는 텍스트 중심으로 간단하게 만들어진 앱이다. 텍스트만 입력할 수 있고 이미지의 사용이 불가하기에 프로그램이 단순하고 작동 지연이 거의 없다. 또한 사용 방법이 단순해서 누구나 쉽게 활용할 수 있다. 워드 프로그램에서 글머리 기호와 텍스트만 있는 모습이라고 생각하면 된다.

이러한 워크 플로위를 어떻게 활용하면 좋을까? 보고서를 준비할 때 활용한다면 상사와 방향을 맞추기 용이하다.

- 1단계 목차 설정 : 상사가 보고서의 과제를 주면 그 과제에 대한 제목과 주요 목차를 작성하고 상사로부터 목차에 대한 확인을 받는다.

- 2단계 단락의 스토리라인 : 각 단락의 내용에 대한 스토리라인을 작성한다. 어떤 내용으로 각 단락을 채울 것인지 간단하게 작성하고 상사의 확인을 받는다.

• **3단계 세부 내용 구성** : 각각의 스토리라인에 대해 세부적 설명을 기재하고 내용을 보완해간다. 최종 내용에 대해 상사의 확인을 받고, 문서 양식에 맞게 완벽하게 작성한다.

정말 간단한 시스템이지만 '전체의 목차, 단락의 스토리라인, 세부 내용의 정리'라는 흐름으로 문서를 작성해갈 수 있다. 그리고 각 단계에 대해 상사의 확인과 피드백을 받을 수 있으므로 방향을 잃지 않고 보고서를 만들어갈 수 있다. 또한 타인과의 공유와 수정이 용이해서 상사와 함께 보고서를 써갈 수 있다. 본부장 또는 사장에게 드려야 할 보고서를 쓸 때, 상사와 부하직원이 함께 내용을 준비할 수 있다면 빠른 시간 내에 충실한 보고서를 만들 수 있다.

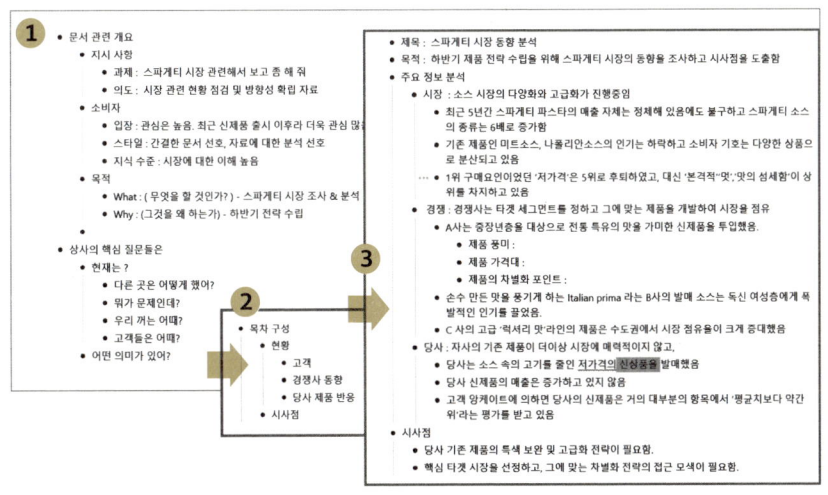

워크 플로위를 통해 보고서의 시작 단계부터 생각의 발전 단계를 보여주고, 함께 작성할 수 있다

● **싱크와이즈(Think wise) :**
마인드맵을 통해 생각을 정리하고 시각화

아이디어를 발상하고 생각을 정리할 때 마인드맵이 유용하다는 것은 잘 알려져 있다. 생각을 그려내면 아이디어의 발산과 정리가 용이하고, 한눈에 메시지의 관계가 정리되면 창의적 메시지 도출에도 용이하다. 이런 마인드맵 프로그램으로 싱크와이즈를 추천한다.

- 싱크와이즈를 활용하면 마인드맵의 작성이 편하다. 가지 생성이 쉽고, 가지의 정리를 편하게 할 수 있다.
- 다양한 상황에 맞는 템플릿이 많다. 제공되는 기본 양식을 활용해서 다양한 목적(프로젝트, 회의, 전략 도출 등)에 맞게 생각들을 정리할 수 있다.
- 마인드맵을 활용하여 바로 보고서로 작성이 가능하다. 무료 버전을 활용해도 화상회의 진행 시 빠르게 내용을 정리할 수 있다. 아이디어들을 빨리 묶어내고 각 내용을 정리하기 편리하다. 만약 유료 버전을 활용할 수 있다면 그려진 마인드맵에서 바로 보고서를 만들 수도 있다.

화상회의로 서로의 생각들이 정리되지 않을 때, 산만하고 회의가 산으로 가고 있을 때, 이런 마인드맵을 통해 서로의 메시지를 확인하고 그려낼 수 있다면 상사와 부하직원이 같은 그림을 가지고 일을 준비하고 진행할 수 있다.

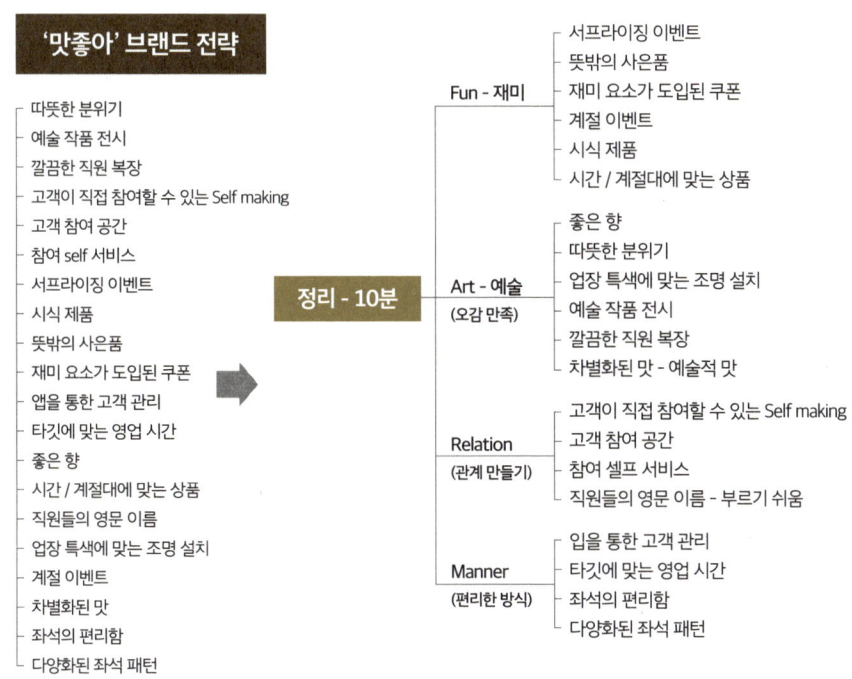

싱크와이즈로 아이디어를 발산하고, 간단하게 정리하여 메시지를 도출해낼 수 있다

　맛있는 요리의 핵심 능력은 칼이 아니라, 요리사의 솜씨다. 칼은 요리의 본질이 아니다. 그러나 칼을 잘 쓰면 시간이 단축되고, 더 효율적으로 요리할 수 있다. 이와 마찬가지로 보고의 본질은 어떤 앱을 사용하는가는 아니다. 그러나 도구를 잘 사용하면 시간이 단축되고 일을 더욱 효과적으로 보일 수 있다. 1시간만 투자해보자. 보고의 효과가 달라질 것이다.

〝 전화 보고,
이렇게 보고하면 상사가 안심한다

많은 비즈니스맨에게 공감을 주었던 드라마 〈미생〉에는 전화를 하는 장면이 많이 나온다. 간절하게 기다리는 면접 결과, 긴장되는 거래선과의 첫 통화, 공들였던 수주 프로젝트의 성공, 회사 안에서 벌어지는 삼라만상의 인간관계. 거의 모든 직장 생활이, 아니 더 나아가 생활의 모든 것이 전화를 매개로 진행된다고 해도 과언이 아니다. 드라마의 모델이 되었던 종합상사의 상사맨들은 '전화기 하나 들고 오대양 육대주를 누비는 영업맨'으로 자신들을 자랑스럽게 묘사한다.

● 전…전화로 보고하라고요?

그렇지만 전화라는 것이 생각보다 쉬운 일은 아니다. 전화하는 것에 대한 부담감 때문에 콜포비아라는 신조어가 생겨날 정도이다. 이 용어는 전화할 때, 또는 전화할 생각만 해도 심장 박동이 빨라지고 혈압이 올라가는 불안 증상이 나타나는 현상을 의미한다.

그러나 앞으로도 전화통화의 양이나 중요성은 유지될 것이고, 우리는 전화통화를 더 잘하는 방법에 대해 고민하지 않을 수 없다.

비즈니스 커뮤니케이션(Business Communication) 영역에서 수많은 글로벌 CEO들을 코칭하는 벤 데커(Ben Decker)는 전화로 의사소통을 하는 경우에 특히 다음 두 가지를 강조한다.

- 상대방이 전화 내용에 대비할 수 있는 시간을 주어야 한다. 이메일이나 IM을 통해 전화할 시간을 미리 정하고 주요 내용도 사전에 공유해야 한다.
- 전화로 회의하는 도중 어떤 논의가 진행되고 있는지에 대해 상황을 계속해서 정리해주어야 한다.

벤 데커는 평상시 직장 내 동료들 사이의 의사소통보다는 더 격식이 있는 상황을 상정하고 있지만 일상적인 비즈니스 현장에도 적용이 필요한 내용이다.

사무실에서 전화를 받았을 때, 상대방이 사전 설명 없이 어떤 정보를 요구하는 경우가 있다. 정신 없는 상황에서 급하게 울린 전화에 대답했더니 다짜고짜 "어제 그것은 왜 안 되죠?" 하고 자기 말만 하는 경우이다. 가끔은 반대로 내가 전화를 걸어 유사한 실수를 하는 경우도 있다. 이런 경우, 전화를 한 사람이 비논리적이고 상식이 없는 사람으로 비칠 가능성이 크다. 자기 감정이나 입장에 묻혀서 정작 중요한 내용을 제대로 전달하지 못하는 사람으로 보이기 때문이다.

전화 보고를 잘하기 위해 사전에 조율을 하고, 상대방이 이해하고 있는지를 계속 확인하면서 내가 전해야 할 내용을 전달하는 것이 중요하다는 것이 벤 데커가 주장하는 요지이다.

● **전화 보고, 이렇게 말하면 100점 만점에 110점!**

이 점에 착안하여 전화 보고를 잘할 수 있는 가이드 라인을 정리해보자. 여기에서는 전화 보고를 위한 사전 준비와 보고 내용의 구성에 대해 초점을 맞출 것이다.

전화를 통해 상사에게 무엇인가를 보고해야 하는 상황에서 어떻게 하는 것이 효과적일까? 이를 위해 도자기를 비유로 들어보자. 신비한 빛깔에 유려한 곡선을 지닌 도자기를 상상해보면 술이나 물이 들어가는 입구는 조금 넓다. 그 바로 밑의 목 부분은 가늘어졌다가, 아래 몸통 부분은 충분한 부피를 삼켜버리려는 듯 다시 넓고 풍성해진다. 도자기가 입구-목-몸통, 세 부분으로 나

누어지듯이 전화 보고 역시 세 부분으로 나눌 수 있다.

우선 도자기의 입구에 들어오는 술만 도자기 속으로 들어가듯이, 전화 보고의 앞부분에는 보고 내용이 '무엇에 관한' 것인지에 대한 범위 설정이 필요하다. "부장님, 요청하신 지난달 실적에 관한 것입니다" "차장님, 지난주 함께 협의했던 다음 주 시상식에 대한 말씀을 드리겠습니다." 이런 식으로 내가 하는 이야기 속으로 보고받는 사람을 끌어들여야 한다.

상사가 나에게 업무를 지시했다고 해서, 지금 상사의 머릿속이 온통 나에게 준 업무에만 집중하고 있다고 생각해서는 안 된다. 내가 보고하는 일은 그 상사가 처리해야 할 여러 일 중의 하나일 뿐이다. 상사를 내 이야기 속으로 끌어들이는 단계 없이 바로 결론만 얘기해서는 안 된다.

다음은 도자기의 목 부분이다. 그 좁은 공간에 술이 집중된다. 그리고 신속하고 거침없이 속으로 빨려 들어간다. 이와 비슷하게 전화 보고의 두 번째 단계는 명쾌하게 핵심 내용을 전달하는 것이다. 이때 핵심 내용은 3문장 이내로 정리되어야 하며, 그렇지 않을 경우에는 정식 보고서나 이메일 등으로 추가 보고를 하는 것이 좋다(많은 전문가가 인간이 기억할 수 있는 포인트는 3개까지라고 한다).

지난 달 실적에 관한 내용에 대해서 말하겠다고 도입을 했다면, "지난달 팀 전체 실적은 이전에 비해 15% 상승했습니다. 제품별로는 A제품의 실적이 가장 뛰어납니다. 팀원 중에서는 김 대리가 가장 높은 실적을 달성했습니다"라고 핵심 내용을 명확하게 전달해야 한다. 핵심 내용으로는 보고받는 사람이 가장 궁금해하고 필요할 만한 것들이 포함되어야 한다.

도자기의 목을 지난 술은 몸통에 저장된다. 사람들은 도자기를 휘저어 그 안에 있는 술이 잘 섞이도록 한다. 전화 보고도 마찬가지다. 앞 단계에서 보고의 결론을 전달했다면, 거기까지가 내가 100% 컨트롤할 수 있는 부분이다. 세 번째 부분에서는 보고받는 사람과의 본격적인 커뮤니케이션이 진행된다. 보고받는 사람은 궁금한 것을 질문하거나, 자기 의견을 제시하거나, 전혀 다른 얘기를 할 수도 있다. 이곳이 진정한 나의 실력이 드러나는 순간이다. 보고하는 내용에 대해 내가 얼마나 깊이 알고 있는지가 드러난다. 예상치 못했던 질문에 대응하는 순발력과 센스도 드러날 수 있다.

순발력과 센스는 짧은 시간에 길러지지 않는다. 그래서 그런 것은 운에 맡기고 전화를 한다? 프로 비즈니스맨에게는 있을 수 없는 얘기다. 출장에서 돌아오는 비행기 안에서 사장님께 전화로 출장 중 있었던 일을 보고하기 위해 인사말과 도입부에 이어 결론 3가지 및 그에 대한 백업 자료도 충분히 준비했던 임원이 생각난다. 그분은 거기서 만족하지 않았다. 사장의 입장에서 궁금할 예비 질문 리스트와 그에 대한 답변을 충분히 준비했다. 항상 이 수준으로 전화 보고를 준비해야 하는 것은 아니다. 그러나 전화 한 통을 하면서도 내용을 준비하는 습관이 쌓이면 시간이 지난 후 큰 차이를 만들어 낼 것이다.

> ## 급할 때는
> ## 손으로 그려도 충분하다

● **빛의 속도로 변하는 시대에 더 빛나는 '메모 보고'**

얼마 전까지 회사원에 대한 고정관념으로 자주 등장하는 것이 줄 간격, 폰트에만 집착하는 상사의 모습이었다. 그럴 때 상사는 업무에 대해 아는 것이 없고 뒷다리만 잡는 사람이다. 그러나 시대가 변했다. 상사가 줄 간격, 폰트에 집착하려고 해도 그럴 만큼의 여유도 없이 빠르게 변화하는 것이 지금의 비즈니스 현장이다. 이메일, SNS, 화상을 통해 수많은 회의와 보고가 빛의 속도로 진행되는 현장에서는 줄 간격이나 폰트에 목을 매는 사람은 생존할 수가 없다.

이런 환경에서는 소위 '문서화'의 중요성이 작아진다. 보고서 작성에 들어가는 시간에 다른 급한 업무를 처리하는 것이 더 낫다고 생각한다. 그러나 효율적인 커뮤니케이션을 위해 문서가 갖는 힘을 완전히 무시할 수는 없다. 정리된 문서는 보고하는 사람이 핵심 내용을 벗어나지 않게 해주는 가이드가 된다. 보고받는 사람은 문서의 내용을 보면서 보고받을 때 내용을 이해하기 훨씬 쉽다.

문서 작성에 들어가는 시간과 노고를 최소화하면서, 커뮤니케이션에서 문서가 주는 효과를 극대화하기 위한 합의점은 무엇인가? 이에 대한 한 가지 대안으로 메모 보고가 있다. 한 마디로 '급할 때는 손으로 그려도 충분하다'는 것이다. 그리고 이런 상황은 생각보다 자주 발생할 수 있다. 회사 생활을 하면서 다음 상황은 종종 경험했을 것이다.

● **우물에서 숭늉을 만들어주는 능력자의 보고법**

상사가 경영지원실장에게 전화 한 통을 받았다. 지금 당장 오라고 하는 것 같다. 곤란한 표정으로 전화를 끊은 상사가 나에게 급히 다가온다. 그리고 지난 3년간 입사자 중 컴퓨터공학 전공자 추이를 정리해달라고 한다. 그리고 한마디 덧붙인다. "경영지원실장이 급하게 사장 보고에 들어가게 되어 준비할 수 있는 시간이 5분밖에 없다."

이 상황에서 가장 이상적인 보고 방법은 무엇일까? 이럴 때 메모 보고를 추천한다. 보고서의 도입, 배경, 형식들은 과감히 생략해도 된다. 지금 가장 필요한 정보에만 집중해서 간략한 도표를 손으로 그릴 수 있으면 충분하다. 거기에 덧붙여 한 줄 정도의 타이틀을 붙여주면 훌륭하다. 혹시 1분의 여유가 있는가? 도표 밑에 핵심 포인트나 시사점 2~3개 정도를 붙인다면 더 이상 바랄 것이 없다.

이러한 상황을 포함해서 전화나 대화가 끝난 직후에 상사에게 보고하는 경우, 아이디어 수준의 기획 초안 상태에서 논의를 시작하는 경우 등 메모 보고가 유용한 경우는 생각보다 많다. 그러므로 메모 보고를 위한 몇 가지 가이드를 익혀둔다면 다양한 상황에서 일잘러의 센스를 돋보이게 할 것이다.

- **메모 보고를 할 때도 한 줄의 타이틀은 꼭 사용하자**

고민할 필요 없이, 상사가 요구한 말을 그대로 타이틀로 사용하는 것이 좋다. 메모 보고가 필요한 상황이라면 보고받는 상사도 정신이 없고 다급한 상황일 것이다. 그런 상태라면 타이틀 없이 나타난 메모 보고를 보고 '어, 이게 뭐지?'라고 갈피를 못 잡을 수도 있다. 한 줄의 타이틀이 정신없는 상사에게 명확한 방향을 제시할 수 있다. '최근 3년간 컴퓨터공학 전공자 입사자 추이', '지난달 제품별 매출액'처럼 상사가 요구했던 단어와 용어를 그대로 사용할 것을 추천한다.

- **글머리표를 사용하면 좋다**

전체 타이틀, 주요 항목, 세부 내용 등에 따라서 별표, 사각형, 동그라미, 점선 등의 글머리표로 정리하면 메모 보고 한 장에도 전문가의 손길을 표현할 수 있다. 많은 회사가 표준 보고서 양식으로 글머리표를 사용하는 가이드를 공유하고 있을 것이다. 메모 보고를 할 때에도 표준 양식의 글머리표를 사용하면, 보고를 받는 사람이 한눈에 내용을 받아들이기가 훨씬 쉬워질 것이다. 내용들 간에 위계질서를 드러내어 같은 내용이더라도 더 체계적으로 보이게 하는 것이 글머리표의 힘이다.

- **핵심에만 집중하자**

메모 보고를 작성할 때는 상사가 요구한 한 가지에만 집중해서 최대한 신속하게 보고하는 것이 좋다. 평상시 보고서에 포함되어야 하는 요약, 배경, 참고자료 등은 과감하게 생략해야 한다. 필요 없는 자료 때문에 보고 시간이 늦춰지면 상사의 짜증을 유발할 것이다. 단, 수치나 결과는 정확해야 한다. 메모 보고를 요구할 만큼 급하게 찾는 것이 바로 그 수치나 결과이기 때문이다.

- **메모 보고한 내용은 복사 또는 사진촬영을 해서 저장해두는 것이 좋다**

보고에 들어간 상사가 전화나 SNS 메시지를 통해 메모에 적힌 내용을 재확인하거나 추가 요청을 하는 경우가 흔하다. 그때 메모 보고의 이미지를 가지고 있으면 상사와의 커뮤니케이션이 훨씬 쉬워진다. 또한 메모 보고를 바탕으로 더 구체적인 보고 준비에 들어가야 하는 경우, 메모 보고에 있던 내용이 향후 업무의 기본이 된다.

메모 보고는 특히 정보 관리에 유의해야 한다. 메모지가 유실되어 중대한 보안 정보가 유출되는 경우 걷잡을 수 없는 사태가 발생할 수도 있기 때문이다. 메모 보고는 손글씨로 작성하는 경우가 많아서 자료의 중대성을 제대로 반영하지 않는 형태인 경우가 많다. 신문사 신입기자들은 취재기관에 배치되어 쓰레기통 안을 살펴보도록 교육받는다고 한다. 무심코 버려진 노트나 메모에 엄청난 특종이 담겨 있을 수 있기 때문이다. 프로 일잘러들도 한 번씩 곱씹어볼 이야기이다.

상사와의 스몰 토크, 보고에 양념을 더하다

보고 현장에서는 마치 동영상 강의처럼 보고 내용만 얘기하지는 않는다. 한국인이라면 피해갈 수 없는 식사 안부부터 가끔은 시시콜콜한 집안 얘기까지 있을 수도 있다. 함께 일했던 호주인 상사도 보고나 회의 시간에 자녀와 함께 다녀온 주말 여행에 대해 이야기하기를 즐겼었다. 이런 것을 보면 꼭 한국의 회사원들만 스몰 토크(분위기를 편안하게 하기 위해 주제와 상관없이 가볍게 주고받는 대화)를 즐기는 것은 아닐 것이다.

그렇다고 사무실에서 모든 이야기가 용납되는 것은 아니다. 지나치게 개인적인 이야기, 나만의 고민 같은 것은 보고 현장이 아니라 별도의 시간을 내어서 이야기하는 것이 좋다. 사무실이 아니라 근처의 휴게실이나 카페에서 이야기하기를 권한다. 대부분의 상사는 이런 대화도 중요하게 여길 것이다.

● 일잘러의 스몰 토크 1. 상사의 피드백에서 출발하는 법

그럼 보고 현장에서 쓸 수 있는 건설적인 스몰 토크들은 어떤 것들이 있을까?

우선, 지난번 보고 때 상사가 준 피드백을 이용하는 것을 권한다. 지난번에 상사가 준 피드백들이 있을 것이다.

"현재 자료만 보여주지 말고 과거 3개년 자료를 같이 반영해서 추이를 보여라."

"기획안 전체 구성에 Why, What, How와 함께 기대효과를 넣어봐라."

"부서별 자료를 만들 때 가나다 순이 아니라 회사 내부의 조직 결재 순서를 반영해라."

이처럼 상사가 준 피드백들을 기억해두었다가 이번 보고서에 반영된 내용을 이야기하면 좋다.

"지난번 피드백해주셨던 것처럼 이번에는 3개년 자료의 추이를 분석해보았습니다."

"지난번 부장님 말씀처럼 기획안에 기대 효과를 넣으니, 더 설득력이 좋아지는 것 같습니다."

이렇게 스몰 토크를 한다면 상사는 무척 반가워할 것이다. 최소한 이번 보고서에 대해 "왜 이렇게 했어?"라고 트집을 잡을 가능성이 적어지고, 당신은 평범한 것도 놓치지 않고 학습하고 발전하는 사람이라는 이미지를 줄 수 있다.

● 일잘러의 스몰 토크 2. 칭찬으로 시작하기

또 좋은 것은 정보원에 대한 평가이다. 보고서를 작성할 때는 동료나 타부서의 도움을 받아야 할 때가 많다. 이럴 때는 도움을 받은 것에 대해 언급하는 것이 좋다.

"이 자료는 재무팀의 구 대리가 자료를 준비해줬습니다. 구 대리는 우리 부서 업무에도 무척 협조적이었고 신속하게 자료를 정리해주었습니다."

"이번 기획안을 작성할 때 우리 팀 김 사원이 많은 아이디어를 주었습니다. 신세대답게 IT 분야에 대한 지식이 많고 참신한 아이디어를 많이 주어서 큰 도움이 됩니다."

이렇게 보고서 작성을 위해 도움을 준 사람과 팀에 대해 언급하는 것도 좋다. 이것은 도움을 준 사람들을 칭찬하는 것뿐만 아니라 도움을 받은 당신의 능력을 보여주기도 한다. 왜냐하면 현대사회는 본인이 일을 할 줄 아는 능력(Know-how)뿐만 아니라 해당 분야의 전문가를 알고 활용할 줄 아는 능력(Know-who)이 점점 강조되고 있기 때문이다.

보고를 준비하면서 본인이 활용하게 된 첨단 기술이나 트렌드, 전문 서적에 대해 언급하는 것도 좋다. 아이디어를 정리할 수 있는 마인드맵 같은 프로그램, 그래프나 도식을 그리는 온라인 도구, 전문 협회 사이트, 전문 서적 등에 대해 언급하면 좋다. 더 나아가 해당 자료를 상사와 팀 내에 공유하라. 어떤 지식이 퍼지면, 집단 내에서는 그 지식을 처음 소개한 사람이 그 분야의 전문가로 인정된다. 당신이 지식을 공유하는 만큼 당신은 전문가가 되는 것이다.

● 일잘러의 스몰 토크 3. 의미 있게 마무리하기

보고가 끝날 때에는 본인이 진행하는 다른 프로젝트들의 진행 상황에 대해 개략적인 진행 사항을 이야기하는 것도 좋다. 다른 프로젝트들이 잘 되고 있는지, 문제가 있고 도움이 필요한 것은 없는지, 최종 보고는 언제 할 수 있는지 등을 가볍게 얘기하는 것이다. 즉 본인의 업무 전반에 대해 개략적으로 중간 보고를 하는 것이다.

본인이 얼마나 많은 일을 하고 있고, 그 일들이 얼마나 어려운지 팀장은 생각보다 모른다. 혼자 고민하다가 마지막 순간에 문제를 얘기하고 도움이 필요하다고 말하는 것은 사고이다. 미리 진행 상황을 공유하여 상사가 나의 일을 최대한 알고 있게 해야 한다. 상사에게 보고하는 시간은 내 업무의 전체적인 진행 상황을 공유할 수 있는 단독 찬스라는 것을 기억하자.

상사와 팀 전체의 업무에 대해 이야기하는 것도 훌륭한 스몰 토크가 된다. 본인의 보고서가 다른 팀원들의 업무에 어떻게 활용될 수 있을지, 이 보고서를 위해 팀원 중에 도움이 필요한 경우는 있는지, 이 보고서가 빨리 끝나면 내가 다른 팀원들의 어떤 업무를 도울 수 있는지 등이다. 많은 경우 상사는 당신이 아닌 다른 팀원들이 진행하는 업무에도 동시에 연관되어 있다. 당신도 팀장의 관점에서 팀 전체 업무의 일정을 고려하고, 그 속에서 본인의 과제 전후에 벌어지는 일들을 함께 얘기한다면 팀장은 당신을 단순한 팀원이 아니라 믿을 수 있는 파트너로 생각할 것이다.

그렇다고 해서 모든 스몰 토크가 업무 중심적이어야 하는 것은 아니다. 스몰 토크의 정의 자체가 분위기를 부드럽게 하기 위해 오고 가는 대화이다. 실제로 더 많은 경우에 식사는 했는지, 주말에 특별한 일은 없었는지에 대한 대화가 오고 간다. 사무실 근처에 새로 생긴 맛집이라든가, 주말에 개봉한 영화, 근교의 드라이브 코스 등을 기억해두면 쓸모가 많다.

밥 먹고 주말에 쉬는 것조차 업무와 결부해야 하나라고 생각하지 말고, 밥 먹고 주말에 쉬는 것도 이야기가 될 만큼 즐겁고 의미 있게 해보자고 긍정적으로 생각하면 좋겠다.

따뜻한 말 한마디
vs 밉상되는 말 한마디

김 과장이 고객사에 보낸 중요한 자료의 정보가 틀렸다. 지금까지도 이런저런 불만이 있었던 고객사 직원은 전화로 그동안 쌓인 스트레스를 다 풀어 놓았다. 회사 차원에서 공식적인 사과 공문을 보내라는 요구까지 했다. 김 과장은 이를 어떻게 팀장에게 보고해야 하나 걱정이 한 가득이다. 이때 눈치 없는 구 사원이 한마디 한다. "과장님, 괜찮아요. 잘 될 겁니다. 일단 식사나 하시죠." 이 한마디에 김 과장은 폭발한다. "지금 밥이 문제입니까? 괜찮다고요? 구 사원이 뭘 알아서 괜찮다는 거죠?" 김 과장은 생각한다. '아무리 신입이어도 어떻게 이렇게까지 상황을 모를까? 저건 무책임한건가, 눈치가 없는 건가? 게다가 고객사에 보낸 자료 숫자 취합한 사람이 자기 아닌가?' 구 사원도 할 말이 많다. '왜 나한테 화풀이지? 어차피 벌어진 일이니 식사나 하면서 긴장 풀라는 것이 그렇게 잘못인가? 일도 못하는 선배면서….'

그런데 혹시라도 구 사원이 이렇게 얘기했으면 어땠을까? "김 과장님, 지금 비상 상황인 것 같은데, 식사는 가능하세요? 제가 남아서 함께 수습하는 것이 도움이 될까요? 아니면 제가 밖에서 간단하게 식사 대용이라도 사 올까요?"

'운을 망치고 싶지 않다면 말을 다듬어라.' 셰익스피어가 주는 교훈이다. 정말 맞는 말이다. 내가 하는 말 한마디가 상대방에게 어떤 영향을 줄지, 단 몇 초 만이라도 생각하는 습관을 들여야 한다. 그 습관이 당신의 직장 운을 최고로 만들어줄 것이다. 보고를 떠나서 생활 전반적으로 본인의 말 습관을 살펴보면 좋겠다. 여기 직장 운을 펴게 해주는 말 습관 몇 가지를 소개한다.

● **'No'가 아니라 'How about'(문제가 아닌 대안)**

"김 대리, 이 보고서 내일 아침까지 완성 부탁해. 재무팀에 꼭 넘겨야 해. 너무 시간이 없지만 정말 중요한 일이야."

퇴근을 앞둔 상황에서 툭 던지는 상사의 이런 지시는 누가 봐도 말이 되지 않는다. "안 됩니다. 지금 6시인데요. 내일 아침까지 완성은 불가능합니다." 당장 이렇게 소리 지르고 싶은 마음이 굴뚝같다. 그러나 안 된다는 대답에 수긍할 상사가 아니다. 더 옥박지를 것이다. 그렇다면 이렇게 얘기해보는 것은 어떨까?

"부장님, 내일 아침까지 완성하기에는 시간이 너무 촉박한데요, 재무팀에 시간을 더 줄 수 있는지 확인해보겠습니다. 그럴 수 없다고 하면 제가 보고서를 완성할 수 있도록 구 주임과 박 사원의 협조를 받게 해주시면 좋겠습니다."

무리한 지시를 할 때 상사도 그것이 무리라는 것은 알고 있다. 안 된다는 것을 누구나 알고 있는 상황에서 그것을 계속 얘기한다고 해서 서로에게 도움이 되지 않는다. 그럴 때 무턱대고 안 된다는 대답보다도 대안을 제시할 수 있다면 해결책이 된다.

● '그때'가 아니라 '다음에는' (과거가 아닌 미래)

과거의 실패를 언급하면 그것은 자칫 불만에 그칠 수 있다. 실패가 성공의 어머니가 되기 위해서는 실패를 반복하지 않기 위한 미래 계획에 포커스를 맞춰야 한다.

"우리 팀은 팀장님께서 그동안 팀장 회의 내용을 공유해주지 않아서 팀원들이 경영진의 의사를 알 수가 없습니다. 팀원들의 불만이 쌓이고 성과가 나지 않습니다."

이것이 지금까지의 실패에 초점을 맞춘 대화법이라면 미래의 계획에 대해서 말하는 것이 다음과 같다.

"팀원들의 사기를 올리고 성과를 더 내기 위해서는 팀원들이 경영진의 의사를 이해하는 것이 중요합니다. 팀장님이 팀장 회의를 마친 직후에 팀 미팅을 통해 중요한 내용을 공유해주시면 어떨까요?"

미래의 얘기를 많이 하면 미래지향적인 사람이 된다.

● 'People'이 아닌 'Process'(사람이 아닌 프로세스)

문제의 원인을 개인에게 두면 그 문제는 다시 발생한다. 그러나 문제의 원인이 프로세스에 있다면 그 프로세스는 개선이 가능하다.

"부장님, 신입인 김 사원의 전화 응대가 너무 미숙합니다. 타 부서에서 불만이 많습니다. 한번 따끔하게 혼내주세요."

그러나 이렇게 된다면 향후에 이 사원이 오든, 박 사원이 오든 비슷한 문제는 다시 발생할 수 있다. 정말 프로 비즈니스맨이라면 이렇게 말할 수 있어야 한다.

"부장님, 신입사원들의 전화 응대가 표준화되어 있지 않습니다. 교육팀에 요청해서 신입사원 교육에 전화 응대 방법을 포함시키면 어떨까요?"

이렇게 얘기하고 보니, 문제가 아니라 해결책에 집중해야 한다는 말로 모아질 수 있을 것 같다. 그런데 그 해결책이란 것은 쉽게 나오지 않는다. 그럴 때 필요한 것이 창의적이고 진취적인 당신의 모습이다. 스티브 잡스처럼 세상에 없던 제품과 디자인을 척척 만들어내는 것만이 창의와 진취가 아니다. 겉으로 볼 때 문제만 보이고 해결책이 없는 하루하루의 일상을 헤쳐나가는 그 모든 일에 창의와 진취가 필요한 것이다.

　스티브 잡스가 실리콘 밸리의 어느 차고에서 첫 애플 컴퓨터를 만들고 빛나는 눈으로 바라보았던 것처럼, 오늘 내 앞에 주어진 보고서에 나의 창의와 진취를 담아보자. 당신의 삶에서 당신은 스티브 잡스 부럽지 않은 혁신가이자 주인공이 될 것이다.

에필로그 ―

족쇄에서 열쇠로

##부대 탄약고에는 장교들 사이에 내려오는 한 가지 비밀이 있었다. 보통 선임 장교가 후임 장교에게 탄약고를 인수인계해주면서 말해주는 비밀이다.

"김 중위, 이건 내 윗대부터 내려온 비밀인데 실은 권총용 총알이 하나 모자라. 예전에 내 선배 장교가 사격 연습을 열심히 하다가 탄피 한 개를 회수하지 못했대. 그래서 그때부터 장부상의 탄알과 실제 탄알에 한 발의 차이가 있어. 이건 김 중위가 알고 있다가 나중에 후임에게 전해줘."

수만 발의 탄약 중에서 한 발의 차이는 큰 문제가 아니었고, 나는 이 비밀을 선배 장교와의 의리상 지켜갔다.

1년이 지나 나는 후임에게 탄약고 관리를 넘기게 되었다. 학부를 갓 졸업하고 입대한 나와는 달리 나의 후임은 박사과정 중에 입대했고, 조직과 상사에 대해 잘 이해하고 있었다. 나는 근엄한 얼굴로 후임인 정 중위에게 탄약고의 비밀을 전했다. 정 중위는 내 말을 잘 이해하는 것처럼 고개를 끄덕였다. 그리고 그다음 날 바로 지휘관에게 보고했다.

"아, 정 중위!" 나와 나의 전임자는 분노했고, 배신감에 몸을 떨었다. 그리고 이어질 후폭풍에 가슴을 졸였다.

그런데 지휘관은 나와 나의 전임자에게 사실관계를 확인했고, 그다음 날 바로 탄피 유실 보고를 올렸다. 그리고 아무 문제 없이 일이 다 처리되었다.

탄약고의 비밀을 간직하던 나와 전임은 이렇게 쉽게 해결될 문제를 마음에 부담으로 떠안고, '의리!'를 외치며 살았던 것이다. 한참이나 미숙했던 20대 중반의 기억이다.

혹자는 보고가 어떻게 문제를 해결하냐며 보고의 가치를 폄하하기도 한다. 그러나 실제로 조직의 많은 문제는 보고를 통해 해결된다. 해결할 능력이 있는 사람에게 사실관계를 명확하게 정리해서 전달하면 쉽게 문제가 해결된다. 더군다나 해결할 능력이 있는 사람이 보고자를 '신뢰'한다면 큰 문제 역시 생각보다 수월하게 해결된다.

보고를 하지 못해서, 마음 한구석에 탄알 하나를 안고 사는 사람들이 많다. 전전긍긍하다가 작은 문제를 크게 키워 수습 불가능한 상황으로 만들기도 한다. 그런 부하직원의 답답한 상황과 불안한 눈빛을 보면서 상사의 마음도 불편해진다. 부하직원의 불안함과 상사의 불편함이 만나는 곳에서 좋은 관계가 만들어지길 바라는 것은 욕심이다.

일에 대한 부담감을 안고 있으면서 동시에 상사와의 관계도 좋지 않은데 직장생활이 즐거울 수는 없다. 그렇기에 보고 능력은 즐거운 직장생활을 원하는 모든 직장인이 반드시 갖춰야 할 필수템이다.

상사와의 관계가 힘들고, 매번 터지는 일 때문에 머리가 아프고, 일하는 것에 비해 제대로 인정받지 못하고 있다면 보고를 공부해보자. 보고의 언어를 새롭게 익혀보자. 직장이라는 곳에서 즐겁게 일하기 위해서는 그곳의 말인 '보고의 언어'로 말하는 것에 익숙해야 하고, '일의 언어'를 잘 듣고 해석할 수 있어야 한다. 그리고 일터의 언어가 익숙해지면 원수같이 밉기만 한 상사도, 답답하기만 한 동료도 새롭게 보이고 이해되기 시작할 것이다.

이 책에 담긴 화두들이 당신이 보고 전문가로 가는 길로 안내하기를 바란다. 직장인이라면 벗어날 수 없는 족쇄 같은 보고가, 당신에게 자유를 선사하는 열쇠가 되는 그날을 바란다.

완벽한 보고의 기술

초판 1쇄 발행 2022년 1월 20일

지은이 김용무, 박준서
펴낸이 이지은
펴낸곳 팜파스
진행 이진아
편집 정은아
마케팅 김민경, 김서희
인쇄 케이피알커뮤니케이션

출판등록 2002년 12월 30일 제10-2536호
주소 서울시 마포구 어울마당로5길 18 팜파스빌딩 2층
대표전화 02-335-3681   **팩스** 02-335-3743
홈페이지 www.pampasbook.com | blog.naver.com/pampasbook
페이스북 www.facebook.com/pampasbook2018
인스타그램 www.instagram.com/pampasbook
이메일 pampas@pampasbook.com

값 16,000원
ISBN 979-11-7026-442-2 (13320)

ⓒ 2022, 김용무, 박준서

• 이 책의 일부 내용을 인용하거나 발췌하려면 반드시 저작권자의 동의를 얻어야 합니다.
• 잘못된 책은 바꿔 드립니다.